복잡성의 고리를 끊어라

고속성장의 후유증을 이겨낸
기업들의 생존전략

복잡성의
BREAK THE COMPLEXITY DOOM LOOP
고리를
끊어라

지용구

차례

프롤로그 008

1부 파멸의 고리, 조직을 죽이는 복잡성

1장 | **도입** | 복잡성 시대의 도래 ·· **015**
조직 엔트로피의 법칙 왜 큰 회사는 느려지는가
침묵의 살인자 복잡성이 조직을 죽이는 네 가지 방법

2장 | **파멸의 고리** | 붕괴 시나리오 ··· **030**
1단계 골디락스 균형의 황금기
2단계 세이렌 성장의 달콤한 유혹
3단계 토네이도 내부 모순의 소용돌이
4단계 쓰나미 통제 불능의 연쇄 붕괴
탈복잡화 악순환의 고리를 끊는 단 하나의 길
파멸 탈복잡화에 실패한 기업의 최후

2부 생사의 칼림길, 기업의 운명을 가른 선택

3장 | 승리 | 복잡성을 다스린 챔피언들 ·········· 050
코스트코 단순함이 만든 충성도
넷플릭스 자율과 책임이 만든 무규칙 경영
레이징 케인즈 한 가지에 집중한 단순의 힘
샤오미 단순함으로 설계한 효율

4장 | 경고 | 성공의 정점에서 온 유혹 ·········· 066
사우스웨스트항공 효율성이 만든 역설
애플 혁신 없는 성장의 위험
테슬라 다각화의 늪에 빠진 제왕

5장 | 토네이도의 희생자들 | 내부 모순이 폭발하다 ·········· 084
나이키 고객 가치·유통망·리더십의 삼중 위기
스타벅스 제3의 공간을 잃어버린 브랜드
카카오 토네이도의 삼중 경고
현대자동차 품질 신화 뒤의 경직성

6장 | 쓰나미의 순교자들 | 통제 불능의 연쇄 붕괴 ·········· 107
롯데그룹 문어발 확장의 대가
카카오 쓰나미로 번진 복잡성
보잉 하늘에서 추락한 안전 신화
인텔 혁신 DNA를 잃은 반도체 왕국

7장 | 파멸의 종착역 | 돌이킬 수 없게 되다 ·········· 129
노키아·코닥 미래를 읽지 못한 과거의 왕자들
엔론 복잡성으로 포장된 거대한 사기극
리먼 브라더스 탐욕이 부른 글로벌 대재앙
대우그룹 세계경영이라는 신기루

3부 대탈출, 파멸의 고리를 끊는 실전 전략

8장 | 법칙 | 탈복잡화 4대 원칙 ················· 148
전략 선택과 집중
조직 층위 줄이고 권한 늘리기
제품·서비스 적을수록 강하다
프로세스 자동화와 표준화의 균형

9장 | 부활 | 파멸의 고리를 끊고 돌아온 기업들 ················· 164
현대자동차 단순명료한 리더십의 힘
GE 컬프의 대수술, 복잡성 제거
애플 잡스의 귀환
파네라브레드 메뉴를 버리고 고객을 얻다

10장 | 매뉴얼 | 지금 당장 시작하는 탈복잡화 ················· 184
개인 복잡성 진단
조직 복잡성 진단
탈복잡화 실천 계획

감사의 말 207
참고문헌 208

프롤로그

"회의가 끝났다. 두 시간이 흘렀지만 결정된 것은 없었다. 남은 것은 다음 회의 일정뿐이었다."

이것이 오늘날 대한민국 기업의 일상이다. 우리는 왜 이렇게 바쁜가? 왜 그렇게 열심히 일해도 성과가 나지 않는가?

그 답은 바로 '복잡성'에 있다.

복잡성은 매력적인 결과를 약속한다. 그래서 사람들은 쉽게 빠져든다. 일단 빠지면 폭주하는 기관차처럼 파멸을 향해 달려간다. 초기의 작은 문제는 점점 커져 조직의 방향과 속도를 흔들지만 대부분의 조직은 그 정체를 정확히 모른다. 근본 원인인 복잡성을 무시한 채 증상 치료에만 몰두한다. 대증적 접근만으로는 악순환을 끊을 수 없으며, 오직 근본적인 '탈복잡화'만이 지속 가능한 성장을 가능하게 한다. 여기서 개념을 분명히 하자. '탈복잡화'는 조직에 축적된 복잡성을 체계적으로 제거하는 전략적 과정이다. 반면 '단순화'는 이를 실행하는 구체적 방법이다. 즉 탈복잡화는 목표이고 단순화는 수단이다.

2019년 《복잡성에 빠지다》를 출간하며 나는 한국 사회가 복잡성의 늪에서 벗어나기를 바랐다.

그러나 6년이 지난 지금, 상황은 오히려 악화됐다. 카카오의 연쇄 위기, 삼성의 리더십 부재, 수많은 기업의 흔들림은 모두 복잡성의 덫에 갇힌 결과다. 산업공학자로서 20년간 국내 주요 기업과 프로젝트를 수행하며 내가 목격한 것은 늘 같은 패턴이었다. 뛰어난 인재가 모인 조직이 왜 실패하는가? 그 답을 추적하다 발견한 것이 바로 '복잡성 파멸의 고리'였다. 이는 조직이 복잡성에 빠져 파멸로 향하는 6단계 과정을 뜻하며, 책에서 상세히 다룰 것이다.

이 책은 세 부분으로 구성된다.
1부에서는 복잡성이 무엇이며 왜 위험한지 설명한다. 2부에서는 실제 기업 사례로 복잡성의 파괴력을 드러낸다. 3부에서는 개인과 조직이 실천할 수 있는 탈복잡화 전략을 제시한다.

독자가 이 책에서 얻을 것은 분명하다. 복잡성을 진단하는 눈, 그리고 이를 제거하는 구체적 방법이다.

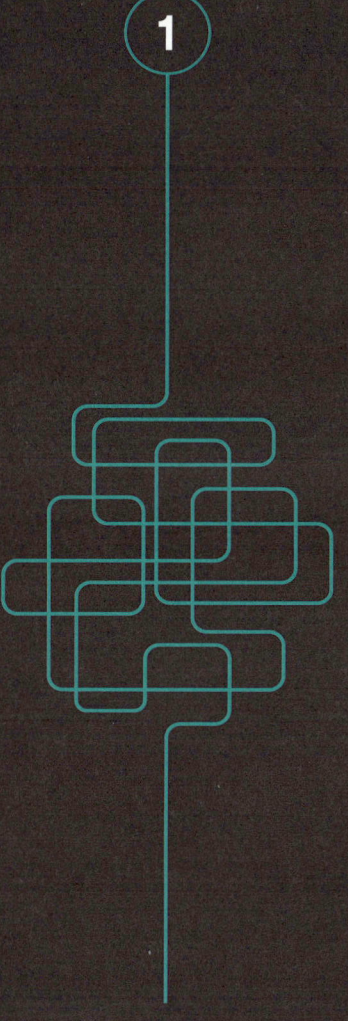

파멸의 고리, 조직을 죽이는 복잡성

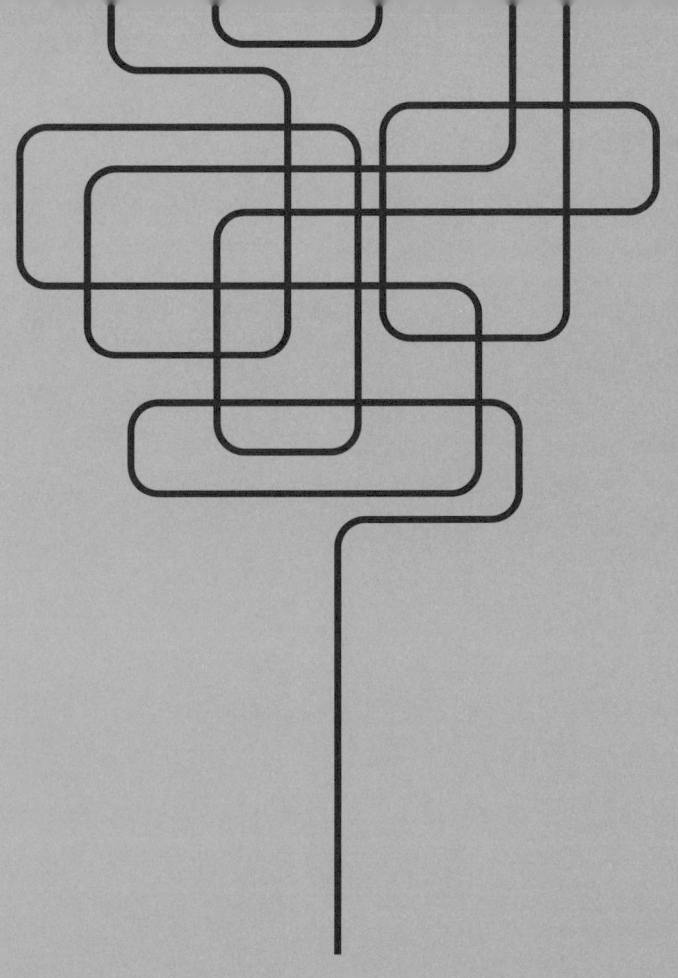

1장

도입
복잡성 시대의 도래

효율이란 일을 제대로 하는 것이고,
효과란 올바른 일을 하는 것이다.
| 피터 드러커 |

"더 빨리, 더 많이, 더 싸게."

지난 100년간 기업 경영을 지배한 황금률이었다.

20세기에서 21세기 초반까지 기업들은 '효율성의 시대'를 살았다. 테일러리즘과 포디즘이 이를 대표했으며 기업들은 대량생산으로 비용을 줄이면서 생산성을 극대화했다. 예를 들어 포드자동차는 조립공정 혁신으로 자동차 한 대 생산 시간을 12시간에서 93분으로 단축했다. GE는 식스 시그마로 5년 동안 수십억 달러를 절감했다. 경제사학자 알프레드 챈들러는 이를 규모의 경제와 범위의 경제로 설명했다. 표준화와 효율화가 곧 시대정신이었다. 그러나 효율성 추구는 의도하지 않은 결과를 낳았다. 품질 관리 시스템, 성과 측정 지표, 규정 준수 절차 등 효율을 위한 장치들이 겹겹이 쌓이면서 조직은 오히려 복잡한 미로가 되었다. 한국도 예외가 아니었다. IMF 외환위기 이후 기업들은 '효율성'을 생존 코드로 삼았다. 1998년 한 해에만 170만 명이 일자리를 잃었다. 정규직은 비정규직으로, 직접 고용은 아웃소싱으로 대체되었다. 삼성은 식스 시그마로, LG는 TPM^{Total Productive Maintenance}으로 효율성을 추구했다. 그 결과 한국은 세계 10위권 경제 대국으로 도약할 수 있었다. 그러나 그 대가는 컸다.

2024년 기준으로 한국은 연 1,908시간 일하고 출산율은 0.75명을 기록하고 있다. 한국 대기업의 평균 결재 단계는 5~7단계에 달한다. 복잡한 프로세스가 진짜 일할 시간을 잡아먹고 있다.

다시 글로벌 시점으로 보자면, 21세기에 들어 이런 복잡성의 함정이 본격적으로 드러났다. 노키아는 2009년까지 57개의 호환되지 않는 심비안 운영체제 버전을 사용하는 등 내부 복잡성에 매몰되어 있다가 아이폰과 안드로이드의 등장에 제대로 대응하지 못했다. GE는 과도한 사업 다각화와 복잡한 매트릭스 조직 구조로 인해 디지털 전환에 실패했다. 복잡성에 매몰된 탓에 정작 중요한 변화를 보지 못한 것이다. 2020년 코로나19 팬데믹은 VUCA 시대를 본격화했다. VUCA는 변동성Volatility, 불확실성Uncertainty, 복잡성Complexity, 모호성Ambiguity을 말하는데 이 뜻 그대로 수십 단계로 얽힌 글로벌 공급망은 VUCA 시대에 붕괴했다. 그것도 한순간에 무너졌다. 재고를 줄이기 위해 도입한 JIT$^{Just In Time}$ 시스템은 마스크 대란을 불렀다. 2023년 팬데믹이 끝난 뒤, 예상과 달리 '정상'으로의 복귀는 없었다. 대신 하이브리드 근무가 표준이 되었다. 반면 단순한 구조의 기업들은 빠르게 적응했다. 네이버는 복잡한 출퇴근 규정 대신 '커넥티드 워크'라는 단순한 원칙을 도입해 직원이 스스로 선택하도록 했다.

이러한 변화를 제러미 리프킨은 회복력과 적응성 중심의 시대라 불렀다. 회복력과 적응성의 핵심은 불필요한 복잡성을 제거하는 것이며 유연하게 적응하는 조직만이 빠르게 회복할 수 있다.

바야흐로 적응성 시대가 열린 것이다.

이 시대의 핵심은 타당성이다. 타당성이란 고객이 진정으로 원하는 것을 정확히 파악하고 적절한 시점에 제공하는 능력이다. 2024년 고대역폭 메모리 시장이 이를 잘 보여준다. 삼성전자는 복잡한 조정 과정 탓에 엔비디아 요구에 늦게 대응했다. SK하이닉스는 단순한 의사결정 구조로 엔비디아 엔지니어와 밤낮없이 협업하며 시장점유율 53퍼센트를 차지하기에 이르렀다. 승부를 가른 것은 기술력이 아니라 조직의 유연성이었다. 적응성 시대에는 예측보다 감지가, 계획보다 대응이 더 중요하다. 경제학자 프랭크 나이트는 위험과 불확실성을 구분했다. 위험은 확률을 계산할 수 있지만 불확실성은 계산할 수 없다. 주사위 던지기는 위험이고 AI가 만들어갈 미래는 불확실성이다. 적응성으로 부활한 기업이 바로 마이크로소프트다. 2014년 사티아 나델라가 CEO로 취임했을 때 마이크로소프트의 주가는 약 31달러였다. 그는 성장 마인드셋을 도입하며 "모든 것을 아는 사람know it all이 아니라 모든 것을 배우는 사람learn it all이 돼라"고 강조했다. 더 중요한 것은 부서 간 사일로Silo를 허물고 중복된 프로젝트를 정리한 일이었다. 10년 뒤 주가는 400달러를 넘어섰다. 마이크로소프트의 성공은 단순화의 힘을 보여준다. 복잡한 조직 구조를 정리하고 핵심에 집중했을 때 혁신이 가능했다. 포드 전 CEO 짐 해킷은 이를 적응도라 불렀다. 다윈의 진화론을 경영에 적용한 것이다. 그는 말한다.

"현대 비즈니스 환경의 복잡성이 기하급수적으로 증가하는 상황에서, 조직이 생존하려면 내부 복잡성을 오히려 줄여야 한다."

1913년 헨리 포드가 복잡한 제조 공정을 단순한 조립 라인으로 혁신한 것처럼, 100년 후 짐 해킷도 같은 원칙을 적용했다. 시대는 변했지만 통찰은 동일하다. 외부 환경의 복잡성에 대응하려면 내부 조직의 복잡성은 줄여야 한다.

이것이 '단순화'다.

핵심 역량은 깊이 파되 나머지는 과감히 버리는 것이다.

조직 엔트로피의 법칙
왜 큰 회사는 느려지는가

복잡성과 혼잡성complicated을 구분하는 학자들이 있다. 혼잡한 시스템은 예측할 수 있지만 날씨처럼 복잡한 시스템은 예측하기 어렵다는 식이다. 그러나 현실에서는 둘 다 문제다. 복잡한 조직 구조도, 혼잡한 결재 라인도 모두 혁신을 가로막는다.

이 책에선 복잡성을 세 가지 차원으로 정의한다.

- 구성 요소의 수(사람, 부서, 시스템)
- 요소 간 관계(보고 체계, 협업 구조)
- 변화 양상(규정 변경, 조직 개편)

쉽게 말해 회사에 사람이 많아지고(구성 요소), 부서가 늘어나며(관계), 규정이 복잡해지는 것(변화 양상)이 모두 복잡성이다. 토스는 10명에서 1천 명으로 성장하며 구성원, 관계, 규정의 복잡성이 기하급수적으로 증가했지만 '작은 팀의 집합체' 구조로 복잡성을 관리하며 빠른 의사결정을 지키려고 노력한다. 복잡성의 반대는 단순성^{Simplicity}이다. 아이폰의 홈 버튼 하나와 갤럭시의 버튼 세 개를 비교해보라. 단순한 시스템은 필수 요소만 남기지만 복잡한 시스템은 모든 것이 얽혀 있다. A를 바꾸면 B가 고장난다. B를 고치면 C가 문제가 생긴다. 사이먼 콜린슨과 멜빈 제이가 2012년 《From Complexity to Simplicity(복잡함에서 단순함으로)》에서 발표한 연구를 보자. 포브스 글로벌 500 상위 200개 기업은 복잡성으로 연간 이익의 10.2퍼센트를 잃는다. 그러나 대부분의 CEO는 이 손실을 인식하지 못한다. 왜일까. 복잡성은 재무제표에 드러나지 않기 때문이다.

　모든 복잡성이 나쁜 것은 아니다. 필립스 전 CEO 프란스 반 하우튼은 복잡성을 두 가지로 구분했다. 보람 있는^{Rewarding} 복잡성과 보람 없는^{Unrewarded} 복잡성이다. 네이버의 다양한 서비스-지도, 쇼핑, 페이-는 보람 있는 복잡성이다. 사용자에게 의미 있는 편의를 제공하기 때문이다. 반면 15단계 결재 라인은 보람 없는 복잡성이다. 누구도 행복하지 않기 때문이다. ING 다이렉트 스페인 전 COO, 베르너 집폴드는 한층 직설적이다. 그는 가치를 더하는^{Value adding} 복잡성과 가치를 빼는 ^{Non value adding} 복잡성으로 나눈다. 문제는 대부분의 기업이 이 둘을 구분하지 못한다는 것에서 시작된다. 그 결과 좋은 복잡성까지 없애거나, 나쁜 복잡성을 방치한다. 책에서는 기업의 복잡성을 다음 세 가지로 구분하려 한다.

첫째, 가치를 만드는 '좋은 복잡성'이다. 예를 들어 넷플릭스가 190개국에 콘텐츠를 제공하려면 각국의 규제와 문화를 고려해야 한다. 복잡하지만 필요한 복잡성이다.

둘째, 가치와 무관한 '애매한 복잡성'이다. 예컨대 회의록 작성, 주간보고서, 월례 회의 같은 활동이다. 없어도 되지만 있으면 도움이 된다고 여겨지는 것들이다.

셋째, 가치를 파괴하는 '나쁜 복잡성'이다. 앨빈 토플러는 이를 '초복잡성'이라 불렀다. 보잉의 737 Max의 복잡한 소프트웨어가 초래한 사고나 대우그룹이 계열사를 41개까지 늘렸다가 관리 불능에 빠져 무너진 사례가 대표적이다.

그렇다면 과연 복잡성은 어디서 생기는가?

스티븐 윌슨과 안드레이 페루말은 세 곳을 지목했다. 제품 및 서비스, 프로세스, 조직이다. 여기에 전략을 더해야 한다. 방향이 꼬이면 모든 것이 함께 꼬인다.

전략 복잡성은 방향이 지나치게 많거나 전혀 없을 때 발생한다. 현대차는 2010년대 '품질', '디자인', '친환경', '자율주행'을 동시에 추구하다 테슬라에 밀렸다. 선택과 집중을 하지 못한 결과였다. 제품 및 서비스 복잡성은 제품이 지나치게 많거나 복잡할 때 발생한다. LG전자는 2013년부터 2020년까지 G플렉스(상하 커브드폰), G5(모듈폰), V50 씽큐(듀얼스크린), LG 윙(스위블폰) 등 '애플도 안 하고 삼성도 안 한' 실험적 제품들을 계속 출시했지만 소비자 공감을 얻는 데 실패했다.

프로세스 복잡성은 업무의 흐름이 꼬일 때 발생한다. 대기업에서는 단순한 구매 승인조차 여러 부서의 결재 라인을 거쳐야 한다. 스타트업에서는 메시지 한 줄로 충분하다.

조직 복잡성은 조직 구조가 비대해질 때 발생한다. GE는 잭 웰치 CEO 취임 당시 350개가 넘는 사업부를 운영하고 있었다. 그는 대규모 구조 조정을 통해 핵심 사업부만 남겼지만 이후 2000년 정점 대비 시가총액의 80퍼센트가 증발했다. 결국 GE는 세 개의 회사로 분할되었다. 조직의 복잡성은 단순히 줄이는 것만으로는 해결되지 않았다.

복잡성의 4대 영역

영역	정의	주요 증상
전략	방향이 지나치게 많거나 전혀 없음	고객 가치 혼란, 성과 지표 증가
제품·서비스	종류가 과도하거나 복잡	재고 증가, 관리 비용 상승
프로세스	업무 흐름이 꼬임	결재 단계 증가, 병목 현상
조직	구조 비대화	사일로, 역할 중복

이 네 가지 복잡성이 서로 맞물려 돌아가는 현상을 복잡성 플라이휠Complexity Flywheel이라고 한다. 톱니바퀴처럼 하나가 돌면 나머지도 함께 움직인다. 복잡성은 엔트로피와 같다. 물리학에서 엔트로피는 무질서의 정도를 뜻한다. 방치하면 계속 늘어난다. 기업도 마찬가지다. 직원

이 10명인 스타트업이 100명으로 커지면 회의는 10배로 늘고, 1천 명 규모로 확장되면 보고서는 100배로 불어난다. 그 결과 스타트업에서 하루 만에 내릴 수 있는 결정이 대기업에서는 한 달이나 걸린다.

이것이 바로 '엔트로피의 저주'다.

방치하면 조직은 죽는다.

따라서 복잡성 관리는 생존 과제가 되었다.

2021년 세계경제포럼이 발간한 〈Digital Culture: The Driving Force of Digital Transformation(디지털 문화 : 디지털 전환을 이끄는 동력)〉 보고서는 "조직의 복잡성을 줄이지 못하면 디지털 전환 시대에 생존할 수 없다"고 경고했다. 아마존 CEO 앤디 재시는 "외부가 복잡할수록 내부는 단순해야 한다"고 말했다. 아마존이 2-피자 룰Two-Pizza Rule, 그러니까 팀 규모를 피자 2판을 나눠 먹을 수 있는 인원 수로 고수하는 이유가 바로 여기 있다. 복잡성은 도미노와 같다. 하나가 쓰러지면 연쇄적으로 모두 쓰러진다. 예를 들어 삼성전자는 2013년 갤럭시 S4 점유율 하락 이후 모델을 다양화함으로써 돌파구를 마련하고자 했다. 모델마다 담당 팀이 생기고, 팀마다 자기 모델을 키우려 했다. 그러나 모델 다양화는 프리미엄 모델 점유율 하락과 비용 증가로 이어져 수익성을 악화시켰다. 제품이 조직을 낳고, 조직이 다시 제품을 낳는 악순환이었다. 악순환을 끊으려면 근본을 건드려야 한다. 반창고 처방만으로는 부족하다. 한 대기업은 ERP Enterprise Resource Planning를 도입했지만 3년 뒤 프로세스는 오히려 더 복잡해졌다. 시스템은 바꿨지만 사람들의 일하는 방식은 그대로였기 때문이다. LG화학은 달랐다. 2020년 배터리 사업부를 LG에너지솔루션으로 분사하여 조직 구조 자체를 단순

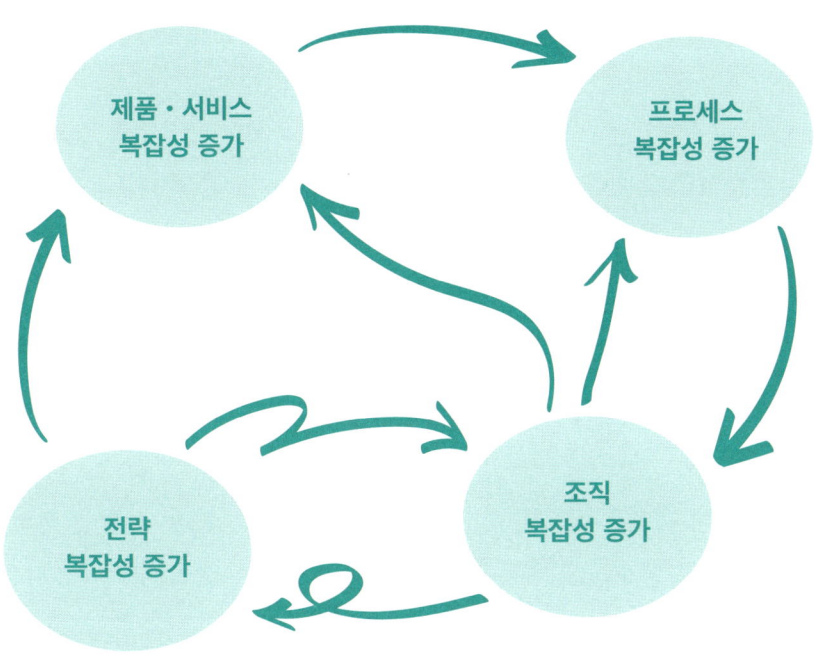

화했다. 독립 법인으로서 의사결정 단계가 줄어들고, AI 도입으로 셀 설계 기간을 2주에서 하루로 단축하는 근본적 혁신을 이뤄냈다. 매출이 떨어지면 흔히 제품을 탓한다. 그러나 이는 잘못된 접근이다. 진짜 문제는 더 상위 차원에 있을 수 있다. 복잡성은 전체를 바라봐야 한다. 나무만 보고 있으면 숲이 불타는 것도 알지 못한다. 복잡성 관리는 선택이 아니라 생존의 문제다. 단순한 기업이 복잡한 기업을 이긴다. 테슬라가 GM^{General Motors}을, 넷플릭스가 디즈니를, 토스가 전통 은행을 이기는 이유가 여기에 있다. 당신의 조직은 지금 얼마나 복잡한가?

침묵의 살인자
복잡성이 조직을 죽이는 네 가지 측면

　복잡성은 조직을 죽이는 '침묵의 살인자'다. 고혈압처럼 초기에는 증상이 없지만 방치하면 치명적이다. 전략, 제품, 프로세스, 조직 등 모든 영역에서 서서히 조직을 마비시킨다. 결국 시장과 동떨어진 제품을 만들고 고객의 목소리를 듣지 못하게 된다. 심한 경우 외부 환경과 단절된 사고방식으로 조직이 파국으로 치달을 수도 있다.

　첫 번째 측면은 전략이다. 전략은 조직의 나침반이다. 방향을 정하고 길을 인도한다. 그런데 나침반이 북쪽, 남쪽, 동쪽을 동시에 가리킨다면 어떻게 될까? 조직은 길을 잃는다. 메타(구 페이스북)가 그랬다. 메타버스, AI, VR/AR, 소셜미디어, 전자상거래를 동시에 추진했다. 2022년 한 해에만 메타버스에 137억 달러를 쏟아부었고, 주가는 65퍼센트 폭락했다. 전략이 복잡해지면 조직에는 이런 신호가 나타난다. 회의는 많은데 결정은 없다. 리더가 전략 회의에만 시간을 쏟고 정작 실행은 하지 못한다. 목표가 너무 많다. "이것도 중요, 저것도 중요." 직원들은 무엇을 먼저 해야 할지 모른다. 측정만 하다 일이 끝난다. KPI는 수십 개, 보고서는 매일이다. 측정하고 분석하다 정작 실행할 시간이 없다. 전형적인 분석 마비다. 부서가 따로 논다. 영업은 영업대로, 마케팅은 마케팅대로. 조직은 사일로화된다. 고객이 헷갈린다. GS리테일은 GS25, GS더프레시, 왓슨스, 랄라블라, 파르나스호텔을 운영

한다. 편의점인지, 마트인지, 드럭스토어인지 정체성이 모호하다. 그러나 CU는 명확하다. '편의점'이다. 2023년 점포 수 1위를 지켰다. 이것이 선택과 집중의 차이다. 당신의 조직은 지금 몇 개의 목표를 쫓고 있는가?

두 번째 측면은 조직이다. 조직의 구조, 체계, 문화에서 복잡성이 증가하면 운영 효율성은 떨어지고 구성원의 업무 수행 능력도 저하된다. 기계에 불필요한 부품이 많을수록 고장이 잦아지는 법이다. 가령 가짜 일이 진짜 일을 잡아먹는다. 50만 원을 결재받기 위해서는 서류 10장과 승인 5단계를 거쳐야 한다. 하루 종일 보고서를 작성하느라 정작 일할 시간이 없다. 똑같은 일을 여러 부서가 한다. 마케팅팀도, 영업팀도, CRM팀도 각각 고객 분석을 한다. 결과는 서로 다른 숫자로 나온다. 경영진은 무엇을 신뢰해야 할지 모른다. KPI가 50개다. 핵심 지표는 세 개면 충분한데, 측정 지표만 50개에 달한다. 결국 하루가 엑셀 채우기로 끝난다. 결정하는 사람이 너무 많다. 태스크 포스, 위원회, 협의체가 늘어난다. "그래서 누가 결정하는가?" 회의만 스무 번 열려도 결론이 나지 않는다. 일하는 사람만 죽어난다. 책임은 불명확한데 일은 몰려든다. "이것도 네가 해, 저것도 네가 해." 결국 퇴사율이 높아진다. 이런 조직은 거대한 햄스터 쳇바퀴와 같다. 모두가 미친 듯이 달려도 앞으로 나아가지 못한다.

세 번째는 제품 및 서비스다. 제품이 많으면 돈을 더 벌 수 있을까? 아니다. 오히려 더 잃는다. 제품이 늘수록 관리 비용이 기하급수적으로 증가하기 때문이다. 복잡성이 수익을 갉아먹는다. 매출은 20퍼센트 늘었지만 순이익은 10퍼센트 감소하는 식이다. 제품 관리 비용이 매출

보다 더 빠르게 증가하기 때문이다. 고래커브 Whale Curve*가 나타난다. 파레토 법칙이 극단화된 현상이다. 하위 제품과 고객이 이익 상당 부분을 잠식한다. 창고가 무덤이 된다. 재고 품목인 SKU이 1천 개에 달하지만 회전율은 연 2회에 불과하다. 창고에는 먼지만 쌓이고 폐기해야 할 재고만 늘어난다. 좀비 제품이 살아 있는 제품의 이익을 갉아 먹는다. 3년째 적자를 내는 제품을 "언젠가는 팔리겠지"라는 희망으로 포기하지 못한다. 결국 할인 판매, 재고 폐기, 창고 비용만 늘어난다. 고객이 등을 돌린다. 제품은 100개로 늘었지만 A/S 인력은 여전히 10명에 불과하다. 납기는 지연되고 품질은 떨어지며, 고객 불만은 폭증한다.

복잡성이 만드는 제품 및 서비스에서의 숨은 비용은 생각보다 크다. 문제는 전통적인 표준원가계산 방식으로는 이 비용이 제대로 보이지 않는다는 점이다. 모듈러 매니지먼트의 토비아스 마틴Tobias Martin은 복잡성 비용 연구에서 이를 명확히 보여준다. 직접 인건비나 재료비 같은 단위당 비용으로만 간접비를 배분하는 표준원가계산은 재고 품목 증가가 초래하는 진짜 비용을 놓친다는 게 그의 주장이다. 그는 신발 공장 사례를 통해 이를 설명한다. 오십 켤레만 생산하는 맞춤형 슬리퍼와 1만 켤레를 생산하는 표준 슬리퍼가 있다. 표준원가계산으로는 둘 다 켤레당 같은 간접비가 배분된다. 하지만 실제로는 맞춤형 제품이 디자인, 기계 셋업, 재고 관리에서 켤레당 약 5달러나 더 많은 비용을 발생시킨다. 이런 숨은 복잡성 비용은 기업 전체에 다음과 같이 퍼져있다고 정리할 수 있다.

---

* 고객별 수익성을 분석하는 그래프. 고래의 등 모양을 닮아 이런 이름이 붙었다.

복잡성의 숨은 비용 구조

비용 영역	영향 범위	복잡성 증가 패턴
개발 비용	R&D, 설계, 테스트	SKU 증가보다 빠르게 상승
재고 유지	창고, 운전자본	SKU당 고정 유지비 발생
생산 복잡성	셋업, 일정 관리	변형 추가마다 누적 증가
품질 관리	검사, 보증, 리콜	복잡도에 비례해 기하급수적 증가
간접 지원	구매, 판매, 서비스	제품당 고정비 발생

마지막 측면은 프로세스다. 프로세스는 본래 일을 쉽게 하기 위한 장치이지만 오히려 일을 어렵게 만들기도 한다. 규정과 절차가 늘어날수록 속도는 더 느려진다. 프로세스가 매달 바뀐다. "지난달 방식은 틀렸다. 이번 달부터는 이렇게 해." 프로세스를 고치느라 정작 일할 시간이 없다. 절차가 목적이 된다. 고객이 무엇을 원하는지는 관심 없다. "규정대로 했으니 문제없다." 프로세스는 완벽한데 고객은 떠난다. 책임은 프로세스가 진다. 일이 잘못되면 "프로세스 문제다"라고 한다. 아무도 책임지지 않고 문제는 반복된다. 예외가 일상이 된다. 정식 절차가 너무 복잡하다 보니 "일단 진행하고 나중에 처리하자"가 반복된다. 편법이 정석이 되고 규정은 장식이 된다. 긴급한 일도 2주가 걸린다. "규정

상 불가하다." "절차를 밟아야 한다." 고객이 아무리 급해도 프로세스는 바뀌지 않는다.

이런 조직은 거대한 거미줄과 같다. 들어갈수록 얽히고, 빠져나오기 어렵다. 당신의 회사에서는 A4 한 장을 결재받는 데 며칠이 걸리는가? 그것이 조직의 속도다.
그리고 생존 가능성이다.

*

앞서 살펴본 바와 같이 복잡성의 폐해는 조직의 여러 부문에서 직간접적으로 나타나며, 이는 기업의 장기적 성장과 혁신 역량을 저해하는 핵심 요인이 된다. 혁신을 선도하는 기업들은 이러한 복잡성을 미연에 방지하거나 신속히 제거한다.
넷플릭스는 조직 내 창의성과 혁신이 저하되지 않도록 '자율과 책임'을 강조한다. 스티브 잡스는 1997년 애플 복귀 당시 20개가 넘던 제품군을 단 네 개의 핵심 제품군으로 축소했다. 이를 통해 기업의 핵심 역량을 명확히 하고 불필요한 복잡성을 제거해 기업의 혁신과 성장 기반을 마련했다. 제프 베조스 역시 아마존에 고객 중심 시스템을 적용하여 불필요한 프로세스와 복잡성을 줄였다.
그러나 이들처럼 복잡성을 선제적으로 관리하는 기업은 많지 않다. 기업이 성장하면서 복잡성을 적시에 관리하지 못하면 어떻게 될까.
복잡성이 내부에 점차 축적된다.

조직의 효율성은 떨어지고 시장 변화에 대한 적응력 또한 취약해진다. 이러한 과정을 설명하는 대표적 모델이 바로 '복잡성 파멸의 고리Complexity Doom Loop*'다.

---

* 파멸의 고리Doom Loop는 기업이나 조직이 부정적 결과를 반복하며 악순환에 빠지는 현상을 말한다. 이는 짐 콜린스가 《좋은 기업을 넘어 위대한 기업으로》에서 제시한 플라이휠 이론의 자기 강화적 루프와 대조되는 자기 약화적 루프를 뜻한다.

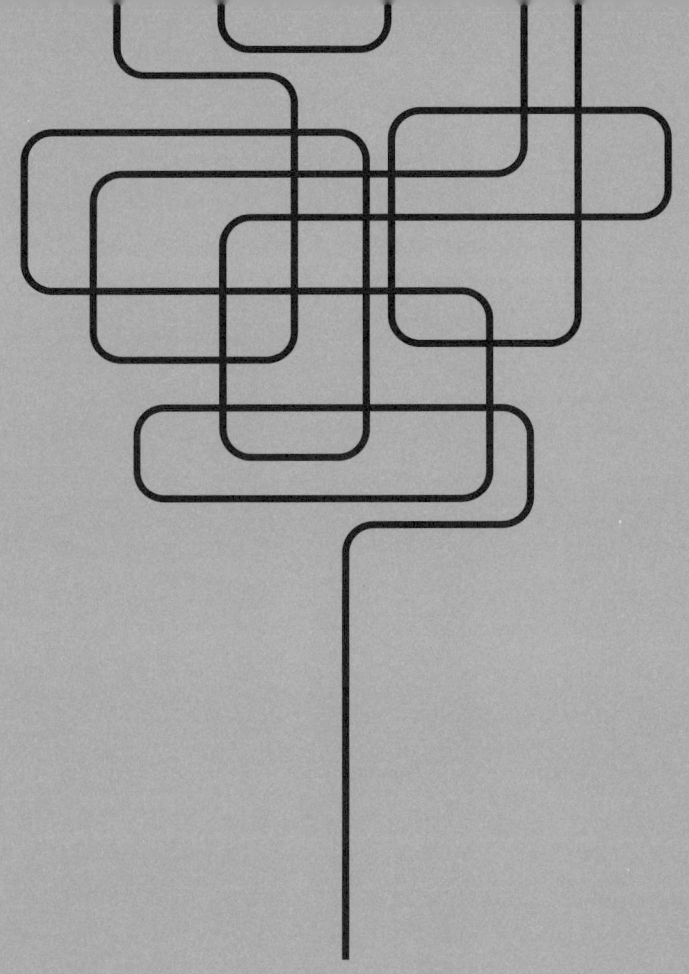

2장

파멸의 고리

붕괴 시나리오

인생은 참으로 단순하지만,
우리는 그것을 복잡하게 만들려고 한다.
| 공자 |

기업이 복잡성에 빠져 파멸에 이르는 과정에는 일정한 패턴이 있다. 암세포가 단계적으로 전이되듯 복잡성 또한 예측 가능한 경로를 따라 조직을 잠식한다.

복잡성 파멸의 고리는 중앙의 '탈복잡화'를 축으로 한 순환 구조다. 탈복잡화에 성공하면 어느 단계에서든 빠져나올 수 있지만 실패하면 다음 단계로 악화된다.

첫 단계는 복잡성 골디락스다. 동화 속 골디락스가 먹기에 딱 좋은 '적당한' 죽을 찾았듯이 기업도 "적당한" 복잡성을 유지한다. 스티브 잡스의 애플이 여기에 해당했다. 제품 라인은 단순하고 조직 구조는 명확하며 프로세스는 간결하다. 이 단계에서 탈복잡화는 일상적 관리의 일부다. 이때 성장의 유혹에 빠지면 복잡성 세이렌 단계로 진입한다. 그리스 신화의 세이렌처럼 달콤한 성장의 노래에 이끌려 불필요한 제품과 서비스를 추가한다. 이 시점에서 탈복잡화에 성공하면 다시 골디락스 단계로 돌아갈 수 있다. 그러나 대부분 "나중에"라며 미룬다. 방치하면 복잡성 토네이도 단계로 악화한다. 한두 곳에서 시작된 복잡성이 회오리처럼 빠르게 확산한다. 제품 복잡성이 프로세스 복잡성을,

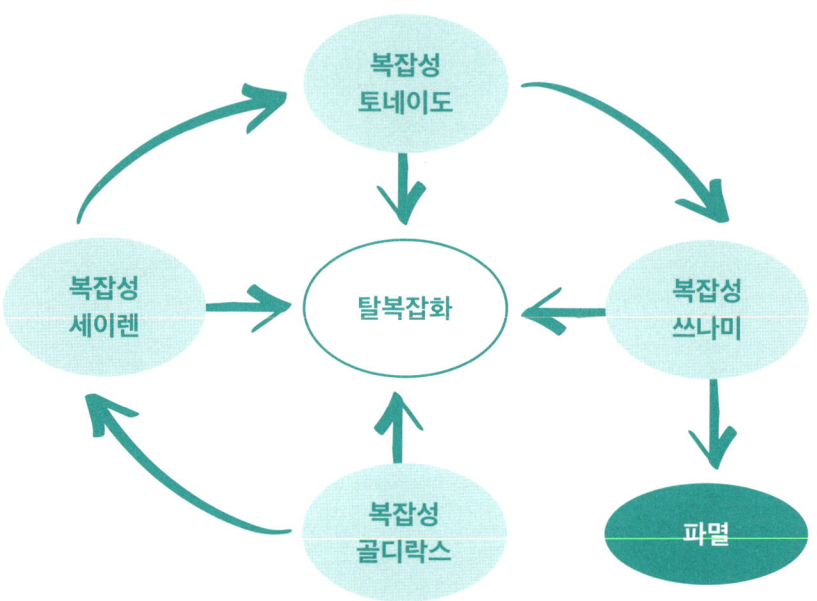

프로세스 복잡성이 조직 복잡성을 낳는 식이다. 이 단계에서의 탈복잡화는 고통스럽다. 구조 조정 수준의 대수술이 필요하다. 더 방치하면 복잡성 쓰나미단계에 이른다. 쓰나미는 해안 전체를 삼켜 피할 곳조차 남기지 않는다. 조직의 모든 영역—전략, 조직, 제품, 프로세스—이 동시에 붕괴한다. 이 단계에서 탈복잡화는 생사를 건 도박이며 전면적 리부팅이 필요하다. 탈복잡화에 실패하면 파멸이 기다린다. 복잡성의 무게를 견디지 못한 기업은 결국 붕괴해 시장에서 사라진다.

핵심은 이것이다.

탈복잡화는 모든 단계에서 가능하지만 단계가 높아질수록 비용과 고통이 기하급수적으로 증가한다. 골디락스 단계에서는 10의 노력으로 충분한 것이 쓰나미 단계에서는 1천의 노력이 필요하다.

이 장에서는 각 단계의 징후와 탈출 방법을 구체적으로 분석한다.

1단계 골디락스
균형의 황금기

복잡성 골디락스는 경제학에서 과열도 침체도 없는 '적정 균형 상태'를 의미한다. 그러나 이 책에서는 이를 조금 다르게 사용한다. 기업이 변화에 유연하게 적응하고 혁신을 지속하되 그 과정에서 복잡성을 통제할 수 있는 수준으로 유지되는 상태를 가리킨다. 이 단계는 균형의 상태다. 좋은 복잡성(혁신)과 최소한의 필요악(관리 비용)이 공존한다. 부작용은 거의 없으며 오히려 성장의 동력이 된다.

문제는 욕심이다.

"더, 더, 더!"

제품은 두 배, 조직도 두 배, 프로세스도 두 배가 된다. 그 결과 복잡성은 여덟 배로 불어난다. 골디락스가 무너지고 세이렌의 유혹이 시작된다. 골디락스 기업의 특징은 명확하다. 빠르다. 시장 변화에 한발 앞선다. 강하다. 혁신과 효율의 균형을 유지한다. 정확하다. 고객이 원하는 것을 이해한다.

넷플릭스와 아마존이 교과서적 사례다.

넷플릭스에는 규정집이 없다. 자율과 책임이라는 단어가 전부다. 휴가도 스스로 정하고 경비도 스스로 집행한다. 중요한 것은 결과뿐이다. 복잡한 규칙 대신 단순한 원칙이 존재한다. 그래서 빠르다.

아마존의 제프 베조스는 1997년부터 27년째 같은 말을 반복한다.

"항상 Day 1이다. Day 2는 정체이고, 그다음은 죽음이다."

이는 곧 복잡성과의 전쟁 선언이었다. 지금도 아마존은 여전히 Day 1에 머물러 있다.

모든 산업에는 복잡성 임계점이 존재한다. 그 선을 넘으면 기업은 무너진다. 규모의 경제와 고객 맞춤은 양립하기 어렵다. 둘 다 잡으려다 결국 둘 다 놓친다.

해법은 전략적으로 설계된 제품 포트폴리오다.

2014년 P&G의 대수술이 시작되었다. A.G. 래플리 CEO는 90~100개 브랜드를 정리하고 70~80개 핵심 브랜드에 집중했다. 매출의 90퍼센트, 이익의 95퍼센트를 창출하는 타이드, 팸퍼스, 질레트 같은 베스트셀링 브랜드에 집중하여 수익성이 개선되었다. 적게 팔고 더 벌었다. 이것이 골디락스의 힘이다. 파이브가이즈는 햄버거와 감자튀김, 단 두 가지에 집중했다. 그러자 2021년 마켓포스에서 응답자의 27퍼센트가 파이브가이즈를 "가장 좋아하는 버거 체인"으로 꼽았다. 웬디스(14퍼센트), 맥도날드(13퍼센트), 버거킹(8퍼센트)를 크게 앞선 수치였다. 단순함은 명확한 가치를 만들어낸다.

안드레이 페루말과 스티븐 윌슨이 《복잡성 시대의 성장의 역설》에서 스마트 다양성을 제시했다. 고객은 다양성을 원하고 기업은 단순성을 원한다. 둘의 교집합을 찾는 것이 스마트 다양성이다.

단순함은 곧 차별화다.

2단계 세이렌
성장의 달콤한 유혹

세이렌의 노래는 달콤하다. 그리스 신화 속 선원들은 그 노래에 홀려 암초로 향했고 결국 배는 부서지고 모두 죽음을 맞았다. 기업의 세이렌은 '성장'이다. 정확히 말하자면 '성장 중독'이다. 더 많이, 더 크게, 더 빨리. 달콤한 유혹에 빠진 기업은 결국 암초에 부딪힌다. "많을수록 좋다"는 망상이 퍼진다. CEO는 매출에 취하고 투자자는 숫자에 취한다. 제품 100개가 200개로, 부서 10개가 30개로 늘어난다. 그러나 아무도 "그만"이라고 말하지 않는다. 오히려 이렇게 말한다.

"경쟁사가 제품 100개를 만들면 우리는 150개를 만들자."
"중국 시장을 놓치면 망한다. 지금 당장 진출하자."
"AI팀, 블록체인팀, 메타버스팀 모두 만들자."

"ISO 인증, 식스 시그마, 애자일 다 도입하자."

듣기에는 좋고 그럴듯해 보인다.
그래서 더 위험하다.
복잡성 세이렌의 함정은 모든 결정이 따로따로 봤을 때는 합리적으로 보인다는 점이다. 아메리칸항공의 전 CEO 제라드 아피Gerard Arpey는 "복잡성을 증가시키는 개별적인 의사결정은 그 자체로 거의 항상 옳아 보이기 때문에 복잡성은 조직에 점진적으로 침투한다"고 했다. 제라드 아피의 말은 복잡성 세이렌의 함정을 정확히 짚는다. 문제는 누적이다. 전략, 제품, 조직, 프로세스 모든 영역에서 복잡성이 쌓인다. 티끌이 모여 태산이 되듯이 말이다. 개미 한 마리는 가볍지만 개미 떼가 모이면 코끼리도 쓰러뜨린다. 한 번 빠지면 벗어나기 힘든 수렁처럼 복잡성이 복잡성을 낳는다. 두 배는 네 배가 되고, 네 배는 열여섯 배가 된다. 기하급수적이며, 이는 손쓸 수 없다.

3단계 토네이도
내부 모순의 소용돌이

토네이도는 차가운 공기와 따뜻한 공기가 충돌할 때 발생한다. 기업도 마찬가지다. 내부의 복잡성과 외부 변화가 맞부딪히면 복잡성 토네이도가 발생한다. 내부는 이미 복잡하다. 제품은 과도하게 많고 조직은 얽혀 있으며 프로세스는 지나치게 세분되어 있다. 여기에 외부 충격이 더해진다. 시장은 급변하고 경쟁사가 혁신한다. 고객 요구는 빠르게 바뀐다. 내부는 복잡성 때문에 옴짝달싹 못하는데 외부는 즉각 대응을 요구한다. 충돌이 불가피하다. 회오리가 시작되면 모든 것이 뒤틀린다. 고객의 목소리는 사라지고 "우리가 최고야"라는 착각만 남는다. 책임을 전가하는 부서 간 전쟁이 시작된다. 경영진은 하늘에 있고 현장은 땅에 있다. 위에서는 "혁신하라" 외치고, 아래에서는 "불가능하다"고 절규한다. 복잡성 토네이도에 빠진 기업의 증상은 뚜렷하다.

갑자기 제품이 팔리지 않는다.

대형 사고가 터진다. 사회적 비난이 쏟아진다.

그러나 기업은 표면적 현상만 볼 뿐 진짜 원인은 보지 못한다.

문제의 뿌리는 내부에 축적된 복잡성이다. 모든 영역에 복잡성이 쌓여 조직의 뇌를 마비시킨다. 내부는 "우리가 맞다"고 생각하지만 외부는 "당신들이 틀렸다"고 한다. 그 간극이 점점 벌어진다. 이 간극은 복잡성 토네이도의 연료가 된다. 처음에는 한 부서의 문제였지만 곧 전 조직으로 확산한다.

결국 토네이도가 회사를 송두리째 뒤흔든다.

4단계 쓰나미
통제 불능의 연쇄 붕괴

복잡성 쓰나미는 한순간에 모든 것을 쓸어버린다. 조직 전체에 축적된 복잡성이 동시에 폭발한다. 토네이도가 부서 하나를 덮친다면 쓰나미는 회사 전체를 집어삼킨다. 쓰나미가 해저 지진에서 시작되듯 복잡성도 보이지 않는 곳에서 싹튼다. 처음에는 소소한 고객들의 불만, 일시적 매출 감소 등 작은 파도에 불과하다.

그래서 다들 대수롭지 않게 넘긴다. 그러나 해안에 닿는 순간 거대한 파도가 되어 모든 것을 쓸어버린다.

회복 불가능한 재앙이 닥친다.

쓰나미의 핵심은 '단절'이다.

시장이 무엇을 원하는지 알지 못하고 고객의 목소리는 사라진다. 사회의 기대와는 정반대 방향으로 나아간다. 내부는 더욱 심각하다. 우리끼리 사고가 팽배하고 의사결정은 마비된다. 갈등은 쌓이고 불경기, 정부정책, 무지한 소비자를 탓하며 문제의 원인을 외부에서 찾는다. 변명만 늘어난다. 결말은 이미 정해져 있다.

파국이다.

매출은 급감하고 주가는 폭락하며 대량 해고가 뒤따른다.

쓰나미는 빠르고도 잔인하다.

탈복잡화
악순환의 고리를 끊는 단 하나의 길

조직이 커질수록 의사결정은 느려지고 시장 변화에 대한 대응 또한 둔해진다. 탈복잡화는 이 문제를 해결하는 유일한 해법이자 생존을 위한 필수 전략이다. 복잡성 세이렌 단계에 빠졌더라도 늦지 않았다. 토네이도나 쓰나미 단계도 마찬가지다. 부분적 수술이 아닌 전면적 개혁을 하면 된다. 리더십부터 전략, 조직 구조, 문화, 제품 및 서비스까지 예외는 없다. 그러나 이런 전면적 개혁을 위해서는 영역별 정확한 진단이 선행되어야 한다.

당신의 조직은 지금 어느 단계에 있는가?

리더십·전략 영역부터 보자. 초기에는 고객 가치의 중요도가 하락하고 성과 지표만 늘어난다. 시간이 지나면서 고객은 이 기업이 무엇을 하는 곳인지 혼란스러워한다. 내부는 분석 마비에 빠진다. 파멸 단계에서는 고객과 완전히 단절되고 현실을 부정한다.

복잡성 파멸의 고리 - 4대 영역 대표 특징

	복잡성 골디락스 →	복잡성 세이렌 →
리더십·전략	고객 중심주의 좋은 이익 추구	나쁜 이익 추구 주주가치 극대화 과도한 성장 추구
조직·문화	자율 기반 책임경영 혁신 지향적 문화 조직 내 다양성 확보·관리 내부 의사소통 촉진	중복적 조직 구조 확산 비생산적 업무 확산
프로세스	단순화된 프로세스 효과적이고 명확한 규칙	프로세스 과잉화
제품·서비스	내적 복잡성 관리 외적 복잡성 관리	제품 복잡성 증가 사업 영역 과잉 다각화

↓ ↓

탈복잡화

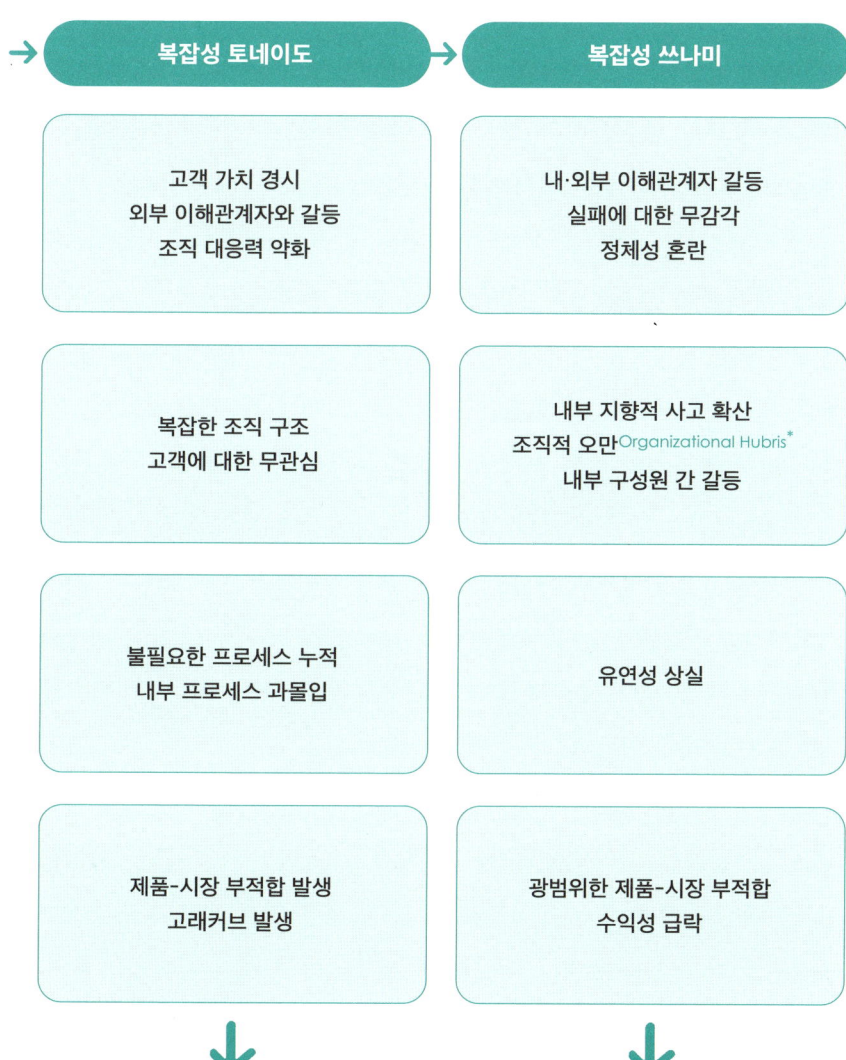

* 과거의 성공에 취해 현실을 외면하는 집단적 착각, "우리는 다르다", "우리는 특별하다"는 자기 확신이 조직 전체를 지배한다.

조직 영역에서는 복잡성이 증가하면서 사일로 현상이 발생한다. 부서 간에 높은 벽이 생기듯 이 현상이 확산하고 심화하면 결국 조직 전체에 관료주의와 엘리트주의가 만연한다. 구성원의 사고는 내부 지향적으로 바뀌고 조직문화의 경직성은 더욱 강화된다. 마치 우물 안 개구리처럼 외부와 단절된 의사결정이 이루어지는 지경에 이른다.

프로세스 영역에서는 복잡성 파멸의 고리가 심화할수록 프로세스가 과도하게 늘어난다. 거미줄처럼 얽힌 나쁜 규칙이 조직 내에서 지배력을 얻는다. 비대해진 프로세스는 빈번한 병목 현상을 유발한다. 공식 프로세스 준수에만 집착하는 구성원들 때문에 숨은 비용이 많이 증가하며 이는 조직에 막대한 부담으로 이어진다.

제품·서비스 영역의 악화 과정은 재고 증가와 고객 불만의 상승으로 시작된다. 이어 지나치게 많은 제품 포트폴리오로 인한 과도한 외적 복잡성으로 발전한다. 마치 생명력을 잃고 매장만 차지하는 좀비처럼 판매되지 않는 좀비 제품이 늘어나면서 결국 고객이 제품과 서비스를 외면하는 단계에 이른다.

이 증상들은 다양하게 동시다발적으로 나타난다. 제품은 세이렌 단계인데 조직은 이미 토네이도일 수 있다. 폭풍 전에 새들이 사라지듯 조직도 미리 신호를 보낸다. 이 신호를 포착했다면 즉시 탈복잡화를 시작해야 한다.

그러나 목표를 아는 것과 실천하는 것은 별개다.

"그래서 무엇을 어떻게 하라는 걸까?"라는 질문이 남는다. 구체적이고 즉시 실행 가능한 원칙이 필요하다.

탈복잡화 전략

리더십·전략	고객 중심 전략 복원, 전략 복잡성 감소, 리더십 비전 명료화
조직·문화	조직 구조 단순화, 조직 다양성 확보, 자율·협력 문화 정착
프로세스	표준화, 간소화, 자동화
제품·서비스	외적 복잡성 축소, 내적 복잡성 축소

다음은 복잡성을 줄인 기업들이 공통으로 실천한 핵심 원칙이다.

첫째, 고객만 본다.
둘째, 구성원 다양성을 늘린다.
셋째, 자율을 부여한다.
넷째, 프로세스를 3분의 1로 줄인다.
다섯째, 제품 수를 절반으로 줄인다.

이와 같은 탈복잡화를 위한 노력은 복잡성을 이기는 유일한 무기가 될 것이다. 이제 마지막 단계를 살펴보자. 탈복잡화를 거부하거나 시도했다가 실패하면 맞이할 수밖에 없는 결말이다.

우리는 그것을 파멸이라 부른다.

파멸
탈복잡화에 실패한 기업의 최후

파멸이란 조직이 복잡성 관리에 실패해 외부와 완전히 단절되고 시장과 사회에서 외면받아 결국 파산에 이르는 현상이다. 복잡성 쓰나미를 극복하지 못한 조직은 내부 위기가 통제 불능 수준까지 확산되면서 전체가 붕괴한다.

말 그대로 파멸이다.

파멸 단계의 조직은 리더십과 전략적 측면에서 외부 현실과 완전히 동떨어진 결정을 내린다. 리더십은 폐쇄적 의사결정을 반복하고 인지적 경직성에 갇혀 위기 대응 능력을 상실한다. 조직 내부는 극도로 폐쇄적이다. 경영진과 관리자 모두가 동일하게 사고하고 행동한다. 이른바 집단적 사고의 극단이다. 프로세스는 붕괴하고 시스템은 더 이상 작동하지 않는다. 그사이 경쟁자들의 파괴적 혁신이 시장을 장악한다. 배가 침몰한다는 사실을 먼저 알아차린 핵심 인재들이 하나둘 조직을 떠난다. 파멸의 대표 사례는 엔론이다. 과도하게 복잡한 재무 구조와 회계 부정이 겹쳤고 시장의 신뢰가 무너지자 순식간에 파산했다. 한국도 예외가 아니었다. IMF 외환위기 시기 대우, 한보, 기아 등 대기업들이 줄줄이 무너졌다. 내부 복잡성과 외부 단절의 결과였다. 2008년 리먼 브라더스도 마찬가지다. 복잡한 내부 운영, 구조적 문제, 리스크 관리 실패가 겹쳤다. 복잡성 쓰나미 이후 회복하지 못하고 파산을 신청했다.

파멸 단계에 진입하면 끝이다. 파산하거나 합병되어 역사의 뒤안길로 사라진다. 생존하려면 복잡성 쓰나미 이전에 행동해야 한다.

탈복잡화가 유일한 답이다. 과감하게 단순화하라.

망설이면 늦는다.

복잡성 파멸의 고리 단계별 증상

	리더십·전략	조직·문화	프로세스	제품·서비스
복잡성 세이렌	고객 가치 혼란 전략적 분산 혁신 과잉 성과 지표 증가	사일로 형성 업무 복잡화 바쁨 찬양 위원회 증가	프로세스 증가 나쁜 규칙 발생 관리 비용 증가	재고 증가 고객 불만 증가 관리 비용 증가

⇩⇩⇩ **방치/악화** ⇩⇩⇩

	리더십·전략	조직·문화	프로세스	제품·서비스
복잡성 토네이도	고객 혼란 복잡한 전략 분석 마비 변화 지연	사일로 확산 관료주의 확산 내부 지향적 사고 성과 지표 과잉	유사 프로세스 증가 빈번한 규칙 변경 과도한 관리 비용	외적 복잡성 과다 공급망 복잡성 증가 좀비 제품 출현 서비스 품질 저하

⇩⇩⇩ **방치/악화** ⇩⇩⇩

	리더십·전략	조직·문화	프로세스	제품·서비스
복잡성 쓰나미	고객 중심성 쇠퇴 반향실 효과 책임자 부재 혁신 역량 저하	사일로 심화 관료주의 고착화 역할·책임 중복 구성원 사기 저하	프로세스 비대화 업무 복잡성 심화 병목 현상의 일상화	좀비 제품 확산 생산 역량 감소 공급망 마비 상시 할인 만연

⇩⇩⇩ **방치/악화** ⇩⇩⇩

⇩ 탈복잡화 실패 시 → 파멸
⇧ 탈복잡화 성공 시 → 생존

	리더십·전략	조직·문화	프로세스	제품·서비스
파멸	고객 단절 현실 부정 타조 증후군* 학습된 무력감	변화 저항 엘리트주의의 만연 조직 방치 외부와 단절	프로세스 집착 프로세스 붕괴 숨은 비용 폭증	고객 외면 브랜드 소멸 서비스 붕괴

* 위험이나 부정적 정보를 의도적으로 회피하는 현상. 타조가 위험을 느끼면 머리를 모래에 묻는다는 속설에서 유래한 말이다.

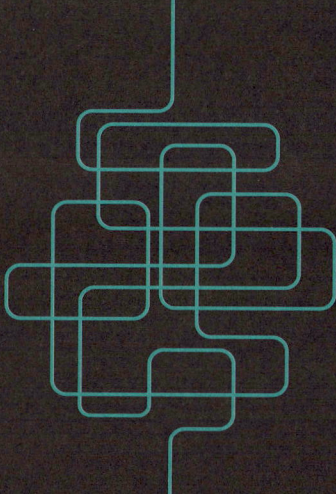

생사의 칼람길, 승자와 패자의 선택

3장

승리
복잡성을 다스린 챔피언들

단순함은 복잡함보다 어렵다. 생각을 정리해 단순하게 만들려면
엄청난 노력이 필요하다. 하지만 그만한 가치가 있다.
일단 해내면, 산도 움직일 수 있다.
| 스티브 잡스 |

복잡성 골디락스 유지에 성공한 기업들의 공통점은 놀랍도록 단순하다. 그들은 모두 "무엇을 하지 않을 것인가"를 먼저 결정한다.
　리더십·전략은 고객 가치를 재정립하고 나쁜 이익을 버린다. 조직·문화는 외부 인재를 영입해 다양성을 확보한다. 프로세스는 나쁜 규칙과 중복을 제거하고 자동화를 추진한다. 제품·서비스는 좀비 제품을 퇴출하고 브랜드를 단순화한다.

코스트코
단순함이 만든 충성도

　코스트코는 1983년 짐 시네갈과 제프리 브로트먼이 미국 시애틀에서 설립한 회원제 창고형 할인 매장이다. 2024년 기준 전 세계 순 매출이 약 2,500억 달러에 달했다. 코스트코의 핵심은 복잡성 관리와 효율성 극대화 전략이다. 이들은 초기부터 회원제 기반 대량 구매 모델로 고품질 제품을 저가에 제공해왔다.

코스트코의 2025년 2월 기준 유료회원은 7,840만 명, 총 카드 소지자는 1억 4,060만 명에 달한다. 전 세계 회원 갱신율은 90.5퍼센트를 기록하고 있다. 선택과 집중을 통한 대량구매와 저렴한 가격, 100퍼센트 만족보증 정책은 코스트코의 변함없는 원칙이다.

    월마트가 10만 개 이상의 SKU를 보유한 것과 달리 코스트코는 약 4천 개의 SKU만 운영한다. 선택과 집중을 통해 대량 구매력을 확보하고 가격을 낮춘다. 전체 매출의 약 30퍼센트를 차지하는 자체 브랜드 커클랜드 시그니처 제품의 일반 식료품점은 판매 원가에 20~25퍼센트 마진을 붙인다. 원가 경쟁력을 기반으로 고객에게 더 낮은 가격을 제공할 수 있다. 코스트코는 창고형 매장으로 운영 비용을 최소화했다. 인테리어를 단순화하고 팔레트 단위로 진열해 디스플레이 비용을 줄인 것이다. 매장 규모는 평균 14만 6천 평방피트(약 13,500m^2)로, 창고와 매장 기능을 동시에 수행하는 정책을 펼쳤다. 물류는 공급업체 직배송 방식으로 처리해 물류창고를 거치지 않으며 접촉 금지 정책에 따라 제품은 배송 팔레트 그대로 매장에 도착하도록 했다. 또한 적시 재고 관리 전략을 활용해 재고가 소진될 때만 보충한다.

여기에 더해 코스트코는 회원제로 안정적인 수익을 확보한다. 골드 스타와 이그제큐티브 연회비는 2024년 9월, 2017년 이후 처음으로 각각 65달러와 130달러로 인상되었음에도 2025년 2월 기준 유료 회원은 7,840만 명, 총 카드 소지자는 1억 4,060만 명에 달했다. 전 세계 회원 갱신율은 90.5퍼센트를 기록하고 있다. 그리고 회원권을 구입한 회원들은 투자 대비 가치를 극대화하려는 심리로 매장을 자주 방문하게 된다. 매장 내 동선과 진열이 주기적으로 바뀌는 '보물찾기' 경험은 독특한 심리적 효과를 창출해 '회원제=고객 가치'라는 코스트코의 브랜드 포지셔닝을 강화해준다. 멤버십과 제품 모두 불만족스러울 시 언제든지 환불해주는 100퍼센트 만족 보증 정책은 이러한 고객 신뢰를 더욱 공고히 하고 있다. 이 같은 가치 제안은 높은 회원 충성도로 이어졌다. 2023년 회계연도 3분기 기준 미국·캐나다 지역 회원 갱신율은 92.6퍼센트, 전 세계 갱신율은 90.5퍼센트에 달했다. 연회비 인상에도 불구하고 회원 이탈이 극히 미미했음을 나타내는 이 수치는, '회원제=고객 가치'라는 코스트코의 명확한 브랜드 포지셔닝을 한층 더 견고히 뒷받침한다.

안정적인 프로세스의 힘은 직원들의 충성도에서 시작된다. 코스트코는 직원에게 업계 평균보다 높은 임금을 지급한다. 2024년 기준 시간당 평균 임금은 26달러로 타 소매업 평균 17달러보다 높다. 이직률은 연 8퍼센트인데, 소매업 평균이 60퍼센트인 것을 고려하면 엄청난 수치임을 알 수 있다. 타 기업에 비교해 약 8분의 1 수준인 이직률은 리더의 가치관에서 비롯되었다. 1983년 창고 작업자로 시작해 현재 CEO가 된 론 바크리스는 긍정적인 회사 문화의 중요성을 강조했다. 높은 이직률은 재채용과 재교육 비용으로 이어진다는 논리였다. 낮은 이직률은 이러한 비용을 크게 줄이고 숙련된 직원의 우수한 서비스가 고객 충성도를 높인다. 코스트코는 이를 관대함이 아니라 "현명한 사업 전략"으로 본다.

코스트코는 2025년 2분기에도 전년 동기 대비 9퍼센트의 견고한 성장세를 이어가고 있다.

넷플릭스
자율과 책임이 만든 무규칙 경영

넷플릭스는 1997년 미국에서 DVD 대여 사업을 시작으로 출발했다. 초기에는 개별 DVD를 건별로 대여하는 방식이었으나, 2000년부터 정액제 subscription 모델을 도입하여 고객의 편의성과 충성도를 동시에 높이는 데 성공했다. 그러나 DVD 시장의 축소가 가속화되자 넷플릭스는 2007년 사업 모델을 근본적으로 전환하여 스트리밍 서비스를 도입하며 본격적인 디지털 미디어 소비 시대를 열었다.

스트리밍 서비스로의 전환은 넷플릭스의 글로벌 시장 확장의 전환점이 되었다. 2010년 캐나다에서 최초로 해외 서비스를 시작한 넷플릭스는 이후

자율과 책임을 바탕으로 한 '규칙없음' 경영으로 유명한 넷플릭스. 극도의 경영 효율과 자율성으로 세계 OTT 시장의 리더 자리를 고수하고 있다.

라틴아메리카와 유럽 등 주요 글로벌 시장으로 빠르게 진출하며 입지를 확대해 나갔다.

특히 2013년 첫 오리지널 콘텐츠인 〈하우스 오브 카드〉를 제작 및 출시하면서 콘텐츠 제작 역량을 획기적으로 강화했다. 이 과정은 기존 방송사나 영화 제작사에 대한 의존을 벗어나 자체 제작 콘텐츠를 통해 경쟁력을 확보하는 중요한 계기가 되었다. 넷플릭스가 글로벌 미디어 시장에서 강력한 경쟁자로 자리매김하게 만든 것이다.

2024년에는 콘텐츠에 170억 달러를 투자했고 2025년에는 180억 달러로 확대할 계획이라는 포부를 밝혔다. 2024년 12월 25일, 크리스마스에 미국프로풋볼[NFL] 경기를 생중계하는 것을 시작으로 경기당 약 2,400만 명의 시청자를 확보하며 스포츠 중계 시장에 성공적으로 진출하는 성과도 거뒀다.

CEO 리드 헤이스팅스는 "규칙 없음^{No Rules}" 원칙으로 전통적 경영에서 탈피했다. 휴가와 출장 정책을 없애고 직원 자율에 맡겼다. 경비 승인 절차를 폐지해 행정 비용을 절감했다. 블록버스터가 경직된 운영 방식과 혁신 거부로 몰락할 때 넷플릭스는 자율을 선택했다. "맥락을 제공하되, 통제하지 말라^{Context, not Control}"는 원칙에 따라 직원들이 스스로 의사 결정하도록 했다. 이러한 자율과 책임의 문화는 놀라운 효율성으로 이어졌다. 2024년 기준 단 1만 4천 명의 직원이 연간 390억 달러의 매출을 창출하며 직원당 약 280만 달러라는 업계 최고 수준의 생산성을 기록했다. 넷플릭스는 실패도 혁신의 일부로 받아들인다. 따라서 '명예로운 실패'를 장려하며 도전을 독려한다. 그러나 이 자율은 방탕하지 않다. 이들은 키퍼 테스트^{Keeper Test}라는 성과 평가 시스템을 운영하며 책임을 강조한다. 관리자는 "이 직원이 떠나려 한다면 붙잡기 위해 싸울 것인가?", "오늘 알고 있는 모든 것을 안다면 이 직원을 다시 고용할 것인가?"를 자문한다. 질문에 의문이 든다면 업계 최고 수준의 보상, 한마디로 넉넉한 퇴직금과 함께 내보낸다. 넷플릭스는 '가족'이 아니라 '프로 스포츠팀'을 지향하고 있다.

이들의 또 다른 철학은 "우리의 직감은 틀릴 수 있다. 사용자가 보여주는 행동만이 진실이다"라는 생각으로 신규 기능을 검증하는 A/B 테스트다. 〈하우스 오브 카드〉 제작 당시에도 시즌 1 전체에 1억 달러를 투자하기 전에 시청 데이터를 분석해 성공 가능성을 분석했다. 데이터 중심 접근이 급변하는 시장에서 넷플릭스가 경쟁 우위를 유지하는 원동력이었다. 그 결과 아시아·태평양 지역의 사용자당 평균수익^{ARPU}은 7.34달러로 미국의 절반 수준이지만 인도·한국 등 현지화 콘텐츠로

5,754만 명의 구독자를 확보했다. 유럽·중동·아프리카 지역은 1억 113만 명으로 최대 시장이다. 콘텐츠 개발 주기는 기존 18개월에서 6개월로, 서비스 개선 주기는 분기별에서 2주 단위로 단축되었다.

넷플릭스는 조직 내 복잡성을 최소화하고 핵심 원칙에 집중하는 전략으로 운영 효율성과 장기적 성장을 동시에 달성했다. 2024년 매출액은 390억 달러로 전년 대비 15.7퍼센트 증가했다. 2025년 상반기에만 216억 달러의 매출을 기록했으며 특히 2분기에는 역대 최고인 31억 달러의 순이익을 달성했다. 사용자당 평균 수익은 11.7달러이며, 미국·캐나다 지역은 17.26달러에 달한다. 이 모든 것은 규칙을 없애고 자율을 부여한 역설적 혁신의 결과였다.

레이징 케인즈
한 가지에 집중한 단순의 힘

패스트푸드 업계는 지속적인 신규 진입자의 등장과 빠르게 변화하는 소비자 선호로 인해 경쟁이 극도로 치열한 시장이다. 이러한 역동적 환경에서 패스트푸드 브랜드 레이징 케인즈 Raising Cane's 는 극단적으로 단순화된 메뉴와 효율성 중심의 운영 전략을 통해 단기간에 폭발적인 성장세를 기록했다. 이들의 성과는 단순히 우연이나 행운의 결과가 아니라, 전략적으로 선택된 복잡성 최소화 전략을 철저하게 실천한 노력의 산물이다.

레이징 케인즈는 1996년 토드 그레이브스Todd Graves가 설립했다. 대학생 시절 그는 수업 과제로 치킨 핑거 전문점 사업 계획서를 제출했으나 교수로부터 가장 낮은 점수를 받았다. 이후 사업을 실현하려는 과정에서 투자자들도 "단일 품목으로는 성공할 수 없다"며 등을 돌렸다. 그러나 그는 포기하지 않았다. 알래스카 원양 어선에서 연어를 잡고 정유 공장에서 주 90시간씩 일하며 창업 자금을 모았다. 그리고 마침내 루이지애나주립대학교 인근에 첫 매장을 열었다. 초기에는 "메뉴가 너무 단순하다"는 우려가 있었으나 약점처럼 보였던 단순함이 오히려 최대 강점이 되었다. 치킨 핑거를 중심으로 감자튀김과 코울슬로, 텍사스 토스트, 케인즈 소스. 단 다섯 가지 메뉴만 판매했다. 메뉴가 단순하니 원재료 품질 관리가 쉬워졌다. 조리 과정이 간소화되어 운영 효율을 극대화할 수 있었기 때문이다. 게다가 레이징 케인즈는 590개 이상 매장에 통합 프로세스 솔루션을 도입하여 품질은 물론이고 안전, 구제, 데이터 분석 등을 엄격히 관리했다. 식스 시그마 원칙을 적용한 표준화

시그니처 메뉴인 치킨핑거를 중심으로 단 다섯 가지 메뉴만 제공하는 레이징 케인즈. 포화상태인 미국 패스트푸드 시장에서 꾸준한 성장을 하는 브랜드 중 하나다.

된 프로세스로 모든 매장에서 동일한 경험을 제공하는 것이다. 제한된 메뉴 운영과 표준화된 조리 절차로 모든 주문을 신선하게 유지하고 약 5만 명의 크루 멤버가 데이터 기반 성과 측정 시스템을 통해 서비스와 효율성의 균형을 맞춘다. "케인즈에서는 뭐든 해낼 수 있다You Can at Cane's"라는 리더의 신념으로 2020년 레스토랑 파트너 프로그램을 발표해 성과를 독려하기도 했다. 프로그램은 성과를 낸 직원을 파트너가 될 수 있도록 했으며 연 10만 달러 이상의 보상과 15년 내 백만장자가 될 기회를 제공한다. 명확한 성장 경로와 보상 체계는 높은 직원 유지율과 일관된 서비스 품질로 이어질 수밖에 없었다. 이는 메뉴 확장으로 차별성을 잃고 쇠락한 국내 일부 K-치킨 브랜드 사례와 대조된다. 레이징 케인즈는 마케팅도 단순하고 명료하다. 틱톡과 인스타그램을 통해 Z세대를 겨냥한 팬덤 캐니악스Caniacs를 형성했다. 또 미국 싱어송라이터 포스트 말론Post Malone과 협업해 그의 시그니처 타투와 음악을 매장 디자인에 반영한 특별 매장을 선보였으며 팬들의 열광적인 반응을 끌어내기도 했다.

복잡성 최소화 전략은 놀라운 성과를 만들었다.
레이징 케인즈는 2010년대 이후 미국 전역에서 급성장했고 2020년대 들어 성장이 더 가속화되고 있다. 매출이 2019년 11억 8천만 달러에서 2023년 37억 달러로 4년 만에 약 세 배 성장했다. 2024년 목표는 45억 달러였다. 61분기 연속 동일 매장 매출 성장과 2024년 1분기 15.4퍼센트 성장은 성숙기에 접어든 패스트푸드 시장에서 이례적이었다. 이러한 성과를 바탕으로 2014년 쿠웨이트와 2024년 두바이 진출을 시작으로 해외 시장 확대를 가속화하고 있다. 2025년에도 연 매출이 55~59억 달러에 이를 것으로 예상되며 연간 성장률은 15~18퍼센트 수준을 기록하고 있다. 단순한 메뉴로도 맥도날드, KFC와 경쟁하는 혁신을 만든 것이다.

레이징 케인즈는 '적을수록 많다 Less is More'는 철학을 극한까지 밀어붙였다. 그리고 성공했다. 전략적 단순화가 복잡한 시장에서도 강력한 무기가 될 수 있음을 증명한 좋은 사례다.

샤오미
단순함으로 설계한 효율

샤오미는 2010년 레이쥔이 설립했다. 초기에는 안드로이드 기반 MIUI를 통해 기술 역량을 확보하고, 2011년 첫 스마트폰 Mi 1을 출시했다. 초기의 성장에 발판이 된 것은 온라인 직판 방식이다. 샤오미는 창업 초기부터 유통 비용을 최소화하기 위해 온라인 직판 방식이라는 혁신적인 판매 전략을 도입했으며, "하드웨어는 원가에 가깝게 제공하고, 수익은 서비스와 생태계를 통해 창출한다"는 차별화된 비즈니스 모델을 구축했다. 그렇게 이들은 유통 비용을 대폭 절감해 2014년 중국 시장점유율 12.5퍼센트로 애플과 삼성을 제치고 1위에 올랐다. 하지만 2016년 공급망 관리 문제로 중국 내 경쟁사인 화웨이, 오포 등에 밀리며 순위가 5위로 하락했다.

당시 샤오미에는 전략의 근본적 변화가 필요했다. 샤오미의 창업자 레이쥔은 단순한 비전과 빠른 실행을 통해서 위기를 극복할 수 있었다. '좋은 제품을 합리적인 가격에'라는 원칙에 따라 2018년 대규모 조직개편을 단행했다. CEO 직속 10개 사업부를 만들어 각 사업부장이 레이쥔에게 직접 보고하는 '수평화' 구조를 구축했다. 이때 1980년대 생, 즉 빠링허우八零后을 대거 경영진으로 등용해 조직을 젊게 만들었다. 이러한 수평적 구조와 짧은 의사결정 체계가 2015년부터 시작된 글로벌 확장의 핵심 경쟁력이었다. 샤오미는 2017년 인도 시장에서 1위를 달성하며 동남아와 유럽으로 빠르게 영역을 넓혔다. 2018년에는 직원 2만 명, 매출 1천억 위안을 넘어선 기업으로 성장했다.

성공의 비결을 좀 더 들여다 보자.

샤오미는 기존 스마트폰 제조업체들과 달리 하드웨어 수익률을 최대 5퍼센트로 제한하는 정책을 도입했다. 이로 인해 높은 성능의 스마트폰을 원가 수준에 가까운 가격으로 제공하며 빠르게 시장점유율

'좋은 제품을 합리적인 가격에'라는 단순한 경영 철학을 고수하는 샤오미는 스마트폰에서 시작해 전기차와 AI까지 성공적으로 사업을 확장하고 있다.

을 확대했다. 대신 소프트웨어와 서비스, 광고 수익을 통해 이익을 창출하여 하드웨어 제조에서 발생하는 복잡성을 크게 낮추는 데 성공했다. 또한 불필요한 제품군 확장을 피하고 명확한 제품군으로 포트폴리오를 단순화했다. 스마트폰 라인업을 Mi(프리미엄), Redmi(보급형), POCO(게임·고성능) 세 가지로 명확하게 구분하여 관리 복잡성을 크게 줄였다. 부품 모듈화 설계를 통해 다양한 제품군 간 부품 공유율을 높임으로써 제품 개발 시간 및 생산 비용 또한 효율적으로 절감했다. 샤오미의 유통은 설립 초기부터 전통적인 오프라인 유통망 대신 온라인 직판 모델을 채택하여 대폭 단순화한 것이 특징이다. 중간 유통 마진과 물류 과정을 제거함으로써 유통 비용을 획기적으로 절감하고, 이를 통해 가격 경쟁력을 확보한다는 정책이다. 이러한 운영 구조의 단순화는 샤오미가 신속하게 시장점유율을 확대하는 핵심 동인이 되었다.

마케팅 측면에서도 대규모 광고 캠페인이나 복잡한 유통 채널 대신 소셜 미디어와 팬 커뮤니티를 중심으로 전략을 전개했다. 웨이보·유튜브·트위터·인스타그램 등 디지털 채널을 적극 활용하고, '미 팬(Mi Fans)' 커뮤니티로부터 수집한 실시간 고객 의견을 제품 개발에 즉각 반영함으로써 최소한의 마케팅 비용으로도 높은 브랜드 충성도를 확보했다.

자체 생산 시설이 없다는 것도 특징이다. 샤오미는 OEM·ODM 방식을 통해 생산을 외주화함으로써 공급망의 복잡성을 크게 낮췄다. 폭스콘과 같은 글로벌 제조 파트너와 협력하여 유연한 생산 체계를 마련하고, 적시생산 방식을 도입해 재고 부담을 최소화하며 효율성을 극대화했다.

샤오미는 복잡성 최소화 전략을 통해 불과 14년 만에 매출 540억 달러를 달성했다. 2024년 3월 출시한 전기차 SU7은 2025년 8월 기준 30만 대 이상의 누적 판매량을 기록하며 새로운 성장 동력을 확보했다.

*

탈복잡화의 방법은 다양하다.

어떤 기업은 복잡성 증가를 원천 차단하는 극단적 단순화를 선택하고 어떤 기업은 전략이나 제품 포트폴리오에서 관리 가능한 복잡성을 유지하며 균형을 찾는다. 그러나 모든 기업이 공유하는 핵심이 있다. 바로 리더십의 단순화에 대한 신념이다. 이 신념이 있어야 시장의 변동성과 불확실성 속에서도 조직은 생존하고 성장할 수 있다.

코스트코, 넷플릭스, 레이징 케인즈, 샤오미는 단순화로 성공을 증명했다. 그런데 왜 많은 기업은 이 검증된 길을 따르지 못할까? 심지어 단순화로 성공한 기업조차 왜 다시 복잡성의 늪으로 빠져드는가?

답은 단순하다.

복잡성의 유혹이 그만큼 강력하기 때문이다.

4장

경고

성공의 정점에서 빠진 함정

자신의 욕망을 이기는 자는 적을 무찌르는 자보다 더 용감하다.
왜냐하면 가장 어려운 승리는 자기 자신과의 싸움이기 때문이다.
| 아리스토텔레스 |

많은 기업이 성공의 정점에서 복잡성의 유혹에 빠진다. 매출 증대, 시장점유율 확대, 이익률 증가를 약속하는 이 유혹은 '성장'이라는 그럴듯한 명분으로 포장된다. 문제는 이러한 유혹이 외부 압력과 결합할 때 더욱더 치명적이라는 점이다. 기관 투자자들은 분기 실적과 배당 확대를 압박하고, 이를 거부하면 경영권을 위협한다. 이런 단기 성과 압박 속에서 기업은 재고 증가, 공급망 복잡화, 고객 이탈 등 숨겨진 비용을 간과한 채 '나쁜 이익 Bad Profit'을 추구하게 된다. 결국 복잡성의 덫에 걸린 기업은 혁신을 이루지 못해 뒤처지고 고객에게 외면받는다.

사우스웨스트항공
효율성이 만든 역설

사우스웨스트항공은 단순한 비즈니스 모델을 통해 1973년부터 2019년까지 47년 연속 흑자라는 기록을 세웠다. 복잡한 허브 공항 운영 대신 소규모 지역 공항 간 포인트 투 포인트 Point to Point 직항 노선 운

유쾌한 경영과 단순화로 사랑을 받은 대표적 브랜드였던 사우스웨스트 에어라인. 낙후된 구식 소프트웨어로 겨울 성수기에 제대로 대처하지 못했으며 단기 이익을 위한 기존 고객친화 정책의 폐지는 브랜드 로열티에 치명타를 입히고 말았다.

영, 보잉 737 단일 기종 운용, 좌석 등급 단일화를 통해 좌석 마일당 비용을 기존 대형 항공사 대비 10~15퍼센트 절감하고 운임을 약 17퍼센트 낮췄다. 그중 효율성의 핵심은 항공기 회전 시간이었다. 선착순 좌석제를 도입해 탑승 절차를 단축하고, 평균 52분 만에 항공기를 회전시켰다. 같은 조건에서 타사는 64~68분이 소요됐다. 특유의 유쾌하고 친근한 서비스로 소비자들에게 즐거운 비행 경험을 제공해왔다. 이에 따라 1972년 창립 이후 코로나19의 영향을 받기 직전인 2019년까지 꾸준히 흑자를 기록할 수 있었다.

그러나 이러한 단순화와 효율성 중심의 전략으로 성공을 거두었지만 그에 안주하여 지속적인 혁신과 내부 시스템 개선을 미루었다. 예컨대 사우스웨스트항공은 보잉 737 단일 기종 전략으로 운영 효율성을 극대화했지만, 2018년 10월 이후 보잉 737 MAX 사고가 발생하면서 항공기 공급에 큰 차질을 빚었다. 이에 따라 수익 전망을 크게 하향 조정해야 하는 위기에 처했다. 또한 2022년 12월에는 악천후로 인해 약 열흘 동안 총 1만 6천 편의 항공편이 취소되는 사태를 겪었는데, 이는 경쟁 항공사들에 비해 현저히 높은 결항률이었다. 이는 사우스웨스트항공이 단순화로 얻은 효율성의 성과에 안주하여 비용이 많이 드는 내부 시스템 혁신 및 디지털 전환 투자를 지속적으로 지연한 결과였다. 그 결과 예상치 못한 위기 상황에서 기존의 효율성 중심 전략이 오히려 경직성을 초래했다. 신속하고 유연한 대응이 불가능했다는 의미다. 결국 미국 교통부로부터 소비자 보호법 위반으로 1억 4천만 달러의 벌금을 부과받는 상황까지 이르게 되었다.

위기의 뿌리는 1992년 도입된 승무원 스케줄링 시스템 스카이솔버SkySolver에 있었다. 수십 년 동안 근본적인 업그레이드 없이 임시 수정만 거듭한 시스템에 문제가 없을 리 없었다. 사우스웨스트 조종사들은 최소 2015년부터 경영진에게 구식 시스템 업데이트를 요청했지만 받아들여지지 않았다. 에볼브웨어EvolveWare CEO 미텐 마르파티아는 이에 대해 "레거시 시스템은 일반적으로 10년 이상, 때로는 30~40년 이상 운영되기도 한다. 원래 설계된 환경과 데이터 볼륨에서 작동하던 소프트웨어는 이러한 파라미터가 변하면 시스템적 실패를 경험하기 시작한다"고 지적했다.

기술 부채는 복리로 쌓였다.

2022년 12월, 설계 용량을 초과한 스카이솔버는 완전히 마비됐다. 1만 7천 편의 비행기는 수동으로 다시 스케줄링해야 했다. 손실은 8억

2,500만 달러에 달했으며 평판 손상까지 겹쳤다. 단순함을 지키는 것과 구식 기술을 고수하는 것은 전혀 다른 문제다. 레거시 시스템에 묶인 단순함은 혁신을 가로막는 족쇄로 전락하고 말았다.

사우스웨스트항공은 그동안 '무료 위탁 수하물 두 개', '변경·취소 수수료 없음', '무기한 비행 크레딧' 정책으로 타항공사와의 차별성을 강조했다. 창업자 허브 켈러허Herb Kelleher의 단순하고 일관된 경영 철학을 지켜온 것이다. 그러나 2024년 7월, 약 50년간 유지해온 선착순 좌석제를 폐지하고 지정 좌석제와 프리미엄 좌석을 도입한다고 발표했다. 밥 조던Bob Jordan CEO는 "고객 80퍼센트가 지정 좌석을 선호하며, 잠재 고객의 86퍼센트가 지정 좌석을 원한다"고 설명했다. 오픈 보딩이 사우스웨스트를 외면하거나 다른 항공사를 선택하는 주요 이유라는 조사 결과도 제시했다. 평균 탑승 시간 증가는 불가피하지만, 조던 CEO는 "가족들이 함께 앉을 수 있다는 확신을 주고, 탑승과 좌석 배정 과정의 스트레스를 줄이기 위한 것"이라 덧붙였다. 《뉴욕타임스》는 "승객들이 사랑했던 사우스웨스트의 오픈 보딩, 이제 어떻게 되나?"라고 보도했다. 한 고객은 "왜 좌석에 돈을 더 내야 하나요? 그렇다면 델타로 갈 겁니다"라고 반발하기도 했다. 이를 증명하듯 정책 변화 발표 후 3개월 만에 충성 고객 이탈률이 12퍼센트 증가했다.

2024년 8월 14일 《로이터》 보도에 따르면 행동주의 헤지펀드인 엘리엇 인베스트먼트 매니지먼트Elliott Investment Management는 보잉 737 항공기의 납품 지연으로 주가가 하락한 것에 대해 사우스웨스트항공 이사진 15명 중 10명의 교체를 요구했다. 약 20억 달러 규모의 지분을 보유한 엘리엇은 사우스웨스트항공이 유지해온 '무료 수하물' 정책의 폐지를 강력히 주장하며, 이를 통한 추가 수익 기회를 놓치고 있다고 비판했다. 그해 9월, 사우스웨스트항공은 수하물 수수료로 연간 15억 달러의 수익을 예상했으나 정책 폐지에 불만을 가진 고객 이탈로 오히려 18억 달러의 손실이 우려되는 상황이었다. 그동안 이 회사의 단순성, 저렴한 가격, 즐거운 고객 경험과 같은 고유한 정체성에 큰 가치를 부여해왔던 기존 고객층들의 이탈이 늘어나면서 브랜드 충성도는 급격히 하락했다. 《월스트리트저널》은 "한때 업계의 반항아였던 사우스웨스트항공이 주류 경쟁사를 닮아가며 나쁜 이익에 굴복하고 있다"고 지적했다. 사우스웨스트항공은 고객이 사랑해온 단순성과 저렴한 가격이라는 브랜드 정체성을 버리고 단기 수익의 유혹에 굴복했다. 일부 고객은 이를 "서민 항공의 종말"이라고까지 표현했다.

    사우스웨스트항공은 두 가지 교훈을 남겼다.

    첫째, 기술 혁신을 방치하면 댓가가 따른다. 구식 스카이솔버 시스템을 수십 년간 손보지 않은 결과, 2022년 12월 대규모 운항 마비로 막대한 손실과 벌금을 지불했다. 단순함을 지키는 것과 혁신을 포기하는 것은 전혀 다르다는 사실을 보여줬다.

    둘째, 단기 수익 압박에 굴복하면 정체성을 상실한다. 엘리엇 인베스트먼트 매니지먼트의 압력 이후 무료 수하물 제도 폐지, 지정 좌석제 도입 등 핵심 차별화 요소를 포기했다. 기술적 실패를 극복하지 못한 상황에서 주주 압력까지 겹치면서 47년간 유지해온 '서민 항공'의 정체성이 무너지고 있다.

복잡성을 피하려다 오히려 더 큰 복잡성에 빠진 아이러니한 상황이다. 이는 복잡성의 세이렌이 어떻게 기업을 유혹하고 굴복시키는지를 보여주는 전형적인 사례다.

애플
혁신 없는 성장의 위험

애플은 혁신적인 제품으로 IT 산업을 선도해온 대표 기업이다. 그러나 최근 제품 포트폴리오를 무리하게 확장하면서 복잡성이 급증했다.

메타 CEO 마크 저커버그는 2025년 1월 조 로건의 팟캐스트에서 "그들은 오랫동안 위대한 무언가를 발명하지 못했다"며 "스티브 잡스가 아이폰을 발명했지만 이후 20년이 지나도록 그저 안주하고만 있다"고 지적했다.

애플은 어쩌다 이런 위기에 빠지게 된 것일까.

아이폰은 2007년 단일 모델에서 출발해 2024년에는 수십 개의 SKU로 확장됐다. 네 가지 모델(아이폰 16, 16 플러스, 16 프로, 16 프로 맥스) × 모델별 용량 옵션 × 다양한 색상 조합으로 경우의 수가 폭발적으로 늘어났다. 애플워치 역시 시리즈 10, SE, 울트라 2로 세분됐으며, 모델마다 크기(케이스 사이즈), 소재(알루미늄·스테인리스·티타늄), 밴드 옵션이 다양하다. 아이패드는 기본형, 에어, 프로, 미니로 나뉘었고, 맥 제

아이폰 라인업 확대 추이

연도	출시 모델	종류
2007	아이폰	1종
2008	아이폰 3G	1종
2009	아이폰 3GS	1종
2010	아이폰 4	1종
2011	아이폰 4S	1종
2012	아이폰 5	1종
2013	아이폰 5s, 5c	2종
2014	아이폰 6, 6 Plus	2종
2015	아이폰 6s, 6s Plus	2종
2016	아이폰 SE(1세대), 7, 7 Plus	3종
2017	아이폰 8, 8 Plus, X	3종
2018	아이폰 XR, XS, XS Max	3종
2019	아이폰 11, 11 Pro, 11 Pro Max	3종
2020	아이폰 SE(2세대), 12, 12 mini, 12 Pro, 12 Pro Max	5종
2021	아이폰 13, 13 mini, 13 Pro, 13 Pro Max	4종
2022	아이폰 SE(3세대), 14, 14 Plus, 14 Pro, 14 Pro Max	5종
2023	아이폰 15, 15 Plus, 15 Pro, 15 Pro Max	4종
2024	아이폰 16, 16 Plus, 16 Pro, 16 Pro Max	4종

품군은 맥북 에어, 맥북 프로, 아이맥, 맥 미니, 맥 스튜디오, 맥 프로 등으로 분화했다.

2007년 단일 모델에서 시작한 아이폰은 오늘날 복잡한 제품 매트릭스로 진화했으며 이는 애플의 제품 복잡성 증가를 잘 보여준다. 애플은 기능별 조직 구조 덕분에 하드웨어, 소프트웨어, 서비스의 통합을 여전히 유지하고 있다. 그러나 기업 규모가 커지고 제품군이 다양해지면서 협업 난이도가 높아져 '일관된 사용자 경험'을 제공하는 것이 점점 더 어려워지고 있다. 또한 제품군 확장으로 공급망 관리가 점점 복잡해지면서 제조와 물류 부담도 증가했다. 애플은 중국 의존도를 낮추기 위해 인도 첸나이 공장으로 일부 생산을 이전했으나, 낮은 수율과 인프라 한계로 새로운 글로벌 공급망 리스크가 드러났다. 2022년 아이폰 14 프로는 중국 정저우 공장 봉쇄로 인해 출시 직후 공급과 배송이 지체됐다. 또한 2021~2022년형 맥북 프로 모델 역시 최대 3~8주까지 배송이 지연됐다. 이에 따라 애플은 혁신적인 제품 개발에 써야 할 자원과 역량을 기존 제품군 유지와 공급망 안정화에 상당 부분 할애해야 하는 상황에 놓였다.

변수는 또 있었다. 애플은 2012년 이후 누적액수 6천억 달러 이상을 자사주 매입에 투입했으며 2024년에는 1,100억 달러로 사상 최대치를 기록했다. 이는 투자자 신뢰 회복과 인위적인 단가 주가 부양 효과를 가져왔다. 실적 발표 직후 주가는 6퍼센트 상승했다. 그러나 과도한 주주 친화적 정책 추진은 애플의 혁신 능력을 약화시킬 위험성을 내포하고 있다. 최근 출시된 아이폰 16은 시장의 기대를 충족할 만한 AI 기반 혁신 기술을 보여주지 못하고 점진적인 변화에 그쳐 소비자들이 애플의 프리미엄과 높은 가격에 대한 의구심을 제기하게 만들었다. 이는 판매량 감소와 주가 하락을 초래했으며 애플이 '복잡성 골디락스'를 벗어나 '복잡성 세이렌' 단계에 진입했음을 시사하는 현상이다.

2025년 애플은 다시 한번 대규모 신제품 물결을 예고했다.

아이폰 17 시리즈와 새롭게 등장하는 아이폰 에어, 애플워치 11·울트라 3·SE 3, M5 칩을 탑재한 맥북과 아이패드 그리고 비전 프로에 이르기까지 15종이 넘는 신제품이 시장에 모습을 드러낼 것이라는 보도가 이어졌다. 새 제품들의 초점은 명확했다. AI 기능과 차세대 칩 그리고 디자인 개선이었다. 업그레이드된 다이내믹 아일랜드 UI, '애플 인텔리전스'라는 이름의 생성형 AI, A19와 M5 칩 같은 신형 프로세서는 모두 사용자의 경험을 조금 더 매끄럽게, 조금 더 빠르게 만드는 역할을 맡았다. 그러나 '획기적'이라 부를 만한 도약보다는 기존 사용자에게 안도감을 주는 점진적 업그레이드라는 인상이 강했다. 애플의 전략은 이제 '새로움'보다 '지속적 개선'에 방점을 찍고 있는 듯하다. 1997년, 파산 직전의 애플을 구해낸 스티브 잡스는 네 개의 핵심 제품만 남기고 나머지를 모두 정리했다. 복잡성을 제거한 애플은 세계 최고의 혁신 기업으로 거듭났다.

지금 애플에게 필요한 것도 똑같다. "적게 하되 더 잘하기Do Less, But Better"라는 잡스의 철학으로 돌아가는 것. 성장의 유혹을 거부하고 탈복잡화를 추진하는 것.

그것이야말로 애플이 복잡성의 함정에서 벗어나, 다시 혁신 기업으로 살아남을 수 있는 유일한 길이다.

테슬라
다각화의 늪에 빠진 제왕

테슬라는 전기차 혁명을 이끈 선구자다. 그러나 전기차에서 로봇, 에너지에서 AI까지 무한 확장하며 복잡성의 늪에 빠져들었다.

성장 둔화는 이미 시작된 상태다.

한때 가파르게 성장하던 인도량은 정체되고 있다.

테슬라는 전기차 제조사에서 출발했지만 이제는 사업 영역을 전기 트럭 테슬라 세미, 사이버트럭뿐만 아니라 파워월·메가팩 같은 에너지 저장 장치로까지 넓혔다. 또한 완전자율주행 FSD, Full Self-Driving, 인공지능, 로보틱스에 집중적으로 투자하며 슈퍼컴퓨터 도조 Dojo를 구축해 차량과 휴머노이드 로봇 옵티머스의 두뇌 역할을 맡기고 있다. 2022년에 공개된 옵티머스는 테슬라가 AI를 중심으로 사업을 다각화하고 있음을 상징한다. 글로벌 생산 능력도 빠르게 확대됐다. 테슬라는 네바다, 뉴욕, 텍사스, 독일, 중국 상하이에 초대형 배터리 생산 공장인 기가팩토리를 운영 중이며, 멕시코 몬테레이 공장도 계획했다. 다만 멕시코 공장은 예상보다 큰 자본 지출, 높은 인건비, 열악한 인프라 등으로 인해 2024년 하반기 개장을 목표로 했으나 연기됐다. 테슬라는 상하이 기가팩토리에서 확립한 현지 부품 조달률 95퍼센트 이상의 공급망 모델을 멕시코에도 도입하려 하고 있다.

여기까지 보면 문제가 없어 보일지도 모른다.

하지만 다각화는 복잡성을 가져오기 마련이다.

사업 포트폴리오 확대는 곧 경영 복잡성의 급증으로 이어졌다. 세단, 트럭, 에너지, 소프트웨어, 로봇까지 동시다발적으로 투자하면서 자원 배분은 점점 더 어려워졌다. 2018년 모델 3 생산을 확대하던 테슬라는 '주당 5천 대 생산'이라는 목표를 달성하기 위해 프리몬트 공장 한편에 임시 텐트 생산라인까지 세웠다. 그러나 무리한 속도전은 곧 품질 문제로 이어졌다. 테슬라가 자랑해온 공격적인 수직 통합 전략의 그림자가 드러난 것이다. 사이버트럭은 2019년 화려하게 공개됐지만 양산은 무려 4년이 지난 2023년 말에야 시작됐다. 그 사이 가격은 올랐다. 포드와 GM의 경쟁 모델은 먼저 시장에 안착했다. 글로벌 공장 확장은 성장을 가능하게 했지만 동시에 새로운 리스크를 낳았다. 베를린 기가팩토리는 환경단체의 반대와 인허가 지연으로 착공이 늦어졌다. 매출과 공급망에서 중국 의존도가 높아지며 지정학적 위험도 커졌다. 여기에 AI와 로보틱스 투자 부담까지 겹치면서 2024년에는 전체 인력의 약 10퍼센트인 1만 4천 명을 감축하기도 했다.

물론 테슬라의 성장은 눈부셨다.

매출은 2019년 246억 달러에서 2023년 967억 달러로 네 배 가까이 뛰었다. 그러나 2023년 하반기부터는 가격 인하 경쟁, 수요 둔화, 이익률 하락이 겹치며 성장세가 흔들리기 시작했다. 중국 BYD와 샤오펑Xpeng 등 경쟁사의 공격적인 가격 정책에 맞서 테슬라도 가격 인하로 대응했다. 모델 3과 모델 Y의 반복적인 가격 인하, 6인승 모델 Y·롱레인지 모델 3 같은 파생 모델 출시, 보험 보조금과 무이자 대출 등 복잡한 인센티브도 잇따라 도입됐다. 한때 '단순함'을 강점으로 내세웠던

일론 머스크의 행보는 테슬라에 양날의 검과 같다. 전기차에서 우주, 소셜미디어, AI까지 넘나드는 그의 비즈니스 제국은 복잡성을 더해가고 있으며 그의 말과 행동은 소비자들을 혼란스럽게 한다.

테슬라는 이제 제품군 확대와 지역별 맞춤 전략에 매달리면서 운영 복잡성이 커졌다. 이는 테슬라의 중국 시장점유율이 2020년 16퍼센트에서 2025년 3.2퍼센트로 급락하는 동안 마진 압박까지 심화한 배경이 되었다.

하지만 테슬라의 가장 큰 변수는 바로 CEO인 일론 머스크라 할 수 있을 것이다. 2022년 10월 일론 머스크가 전 트위터인 X를 440억 달러에 인수한 뒤 테슬라의 리더십 복잡성은 급격히 커졌다. 그는 테슬라, 스페이스X, 뉴럴링크, X를 동시에 운영하며 2024년 11월에는 미국 대통령 선거에서 도널드 트럼프를 공개 지지하고 정부효율부[DOGE.] 수장까지 맡았다. 머스크의 정치적 행보 이후 민주당 지지자들의 테슬라 구매 의향은 감소했다.

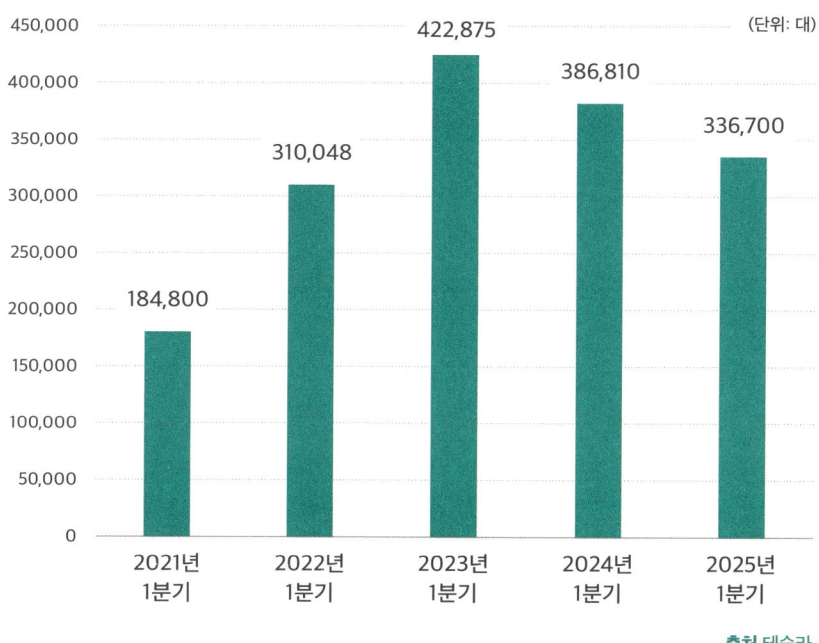

테슬라 분기별 인도량

출처 테슬라

그뿐만 아니라 캘리포니아에서의 테슬라 판매량도 급감했다. 친환경, 혁신 기업에서 정치적 논란의 중심으로 인식이 이동한 것이다. 2025년 5월, 엑시오스 해리스 폴 100 평판 조사에서 테슬라는 95위에 그쳤고 특히 윤리와 품격 부문에서는 최하위 평가를 받았다.

머스크의 다중적 역할 수행은 테슬라 내부에서 경영 의사결정의 지연과 전략적 일관성 약화를 초래했다. 특히 사이버트럭과 차세대 로드스터와 같은 주요 제품의 출시 일정이 지속적으로 지연되었다. 차세대 로드스터는 출시가 7년째 지연되고 있으며, 2023년 한 해에만 모델 3의 가격이 수차례 변경됐다. 가격 정책과 마케팅 전략에서도 일관성 없는 결정이 반복되어 시장과 투자자에게 혼란을 가중시켰다. 더불어 의사결정 권한이 머스크 개인에게 과도하게 집중되면서 경영의 불투명성과 리스크 역시 크게 증가했다. 테슬라의 2인자로 불리던 잭 커크혼Zach Kirkhorn CFO를 비롯한 핵심 인물이 잇따라 퇴사했다. 머스크의 광범위한 영향력은 테슬라에 강력한 홍보 효과와 네트워크 자원을 제공하는 긍정적인 측면도 있었다. 그러나 일론 머스크의 다중적 역할로 인해 가중된 리더십 복잡성은 조직 운영, 브랜드 이미지, 시장 신뢰성에 중대한 도전 과제로 작용하는 양날의 검과 같다.

초기의 테슬라는 공격적인 성장 전략으로 전기차 시장의 리더십을 확보하는 데 성공했으나, 최근의 테슬라는 이미 복잡성 세이렌 단계를 넘어 본격적인 복잡성 토네이도의 단계에 진입한 것으로 보인다. 따라서 테슬라가 지속 가능한 성장을 이루기 위해서는 명확한 리더십, 조직 내 권한의 적절한 분산 및 거버넌스 구조 개선, 사업 다각화에 따른 구조 재정비 등 조직 내부에 과도하게 증가한 복잡성을 완화하는 조치가 시급히 필요하다.

*

이번 장에서 살펴본 세 기업은 모두 성공의 정점에서 복잡성에 굴복했다. 이들은 아직 회복할 수 있는 단계에 있다.
그러나 경고를 외면한 채 복잡성을 키워간다면 어떻게 될까?

앞서 예고했듯이 파멸을 맞이하게 될 것이다.

5장에서는 복잡성 토네이도가 복잡성 쓰나미로 그리고 파멸로 이어진 기업들의 최후를 목격한다.

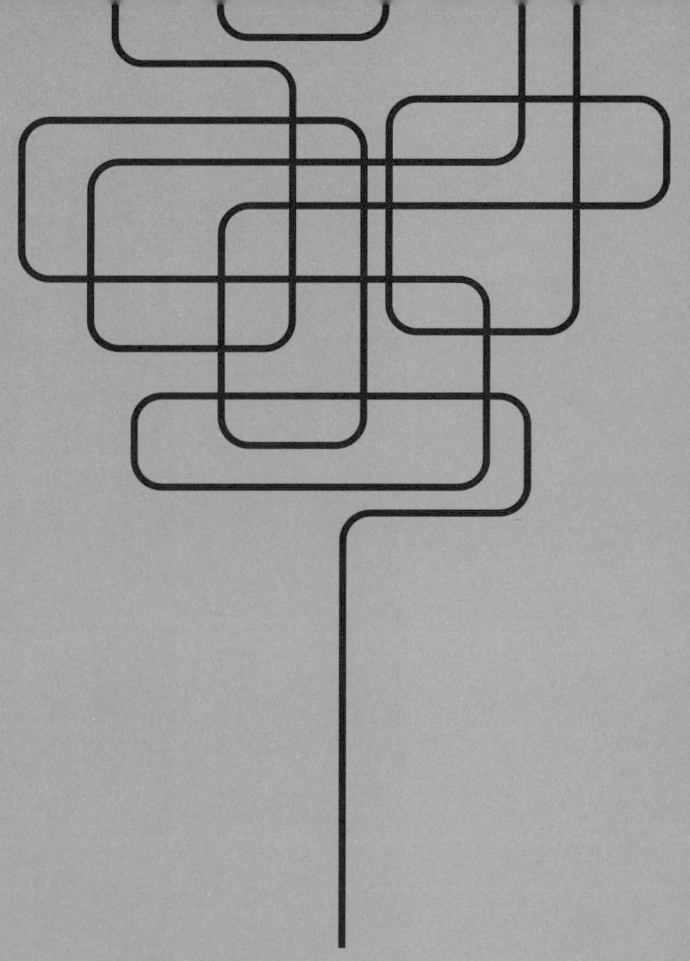

5장

토네이도의 희생자들
내부 모순이 폭발하다

생각은 쉽다. 행동하기는 어렵다.
생각하는 대로 행동하기는 더 어렵다
| 괴테 |

"봄이 오면 눈은 가장자리부터 녹는다. 변화의 신호를 가장 먼저 감지하는 곳이 바로 경계선이다."

인텔 전 CEO 앤드루 그로브의 말이다. 조직도 마찬가지다. 가장자리는 시장 변화를 가장 빠르게 포착하는 안테나다. 그러나 내부 복잡성이 쌓이면 안테나가 가장 먼저 마비된다. 고객 접점이 끊기고 시장 신호는 무시되며 조직은 자기 논리에 갇힌다. 이런 모순은 회오리처럼 뒤엉켜 특정 순간이 되면 폭발한다.

나이키
고객 가치·유통망·리더십의 삼중 위기

2024년 6월 28일, 나이키가 바로 이런 순간을 맞았다. 1980년 상장 이후 44년 만에 주가가 20퍼센트가량 폭락하면서 시가총액 275억 달러가 증발한 것이다. 세 영역 – 제품, 유통, 리더십 – 에서 복잡성이 동시에 터진 복잡성 토네이도 상태였다.

무엇이 문제가 된 걸까.

2020년, 넷플릭스 다큐멘터리 〈더 라스트 댄스〉가 전 세계를 열광시켰다. 마이클 조던의 마지막 시즌을 다룬 이 작품 덕분에 에어 조던은 다시 한번 신화가 되었다. 나이키는 이 기회를 놓치지 않았다. 덩크와 에어 조던 1을 중심으로 에어 조던 11 '쿨 그레이Cool Grey'부터 트래비스 스콧Travis Scott, 오프 화이트Off-White 협업까지 프리미엄 전략을 펼쳤다. 팬데믹으로 늘어난 여가 시간과 운동 붐도 호재였다. 그러나 2024년 팬데믹이 끝나자 시장은 완전히 달라졌다. 덩크 시리즈의 인기는 급락했다. 2023년 4분기 덩크 로우의 리셀 가격은 정가의 80퍼센트 수준까지 하락했다. 한때 프리미엄까지 붙어 팔리던 제품이 아웃렛에서 할인 판매되었다. 반복해서 출시되던 에어 조던 레트로 모델은 더 이상 특별하지 않았다. 첫 번째 토네이도는 그렇게 다가왔다. 혁신 없는 반복에 소비자가 등을 돌렸다. 이 틈을 호카Hoka, 온On, 브룩스Brooks 같은 신흥 브랜드가 파고들었다. "구름 위를 달리는 듯한 착화감"이라는 명확한 가치 제안으로 러닝화 시장을 잠식해갔다. 라이프 스타일 시장에서도 아디다스 삼바, 뉴발란스 550, 심지어 크록스까지 나이키 자리를 빼앗았다. 나이키가 원가 절감에 몰두하는 동안 뉴발란스는 'Made in USA' 라인으로 품질 가치를 증명했다.

두 번째 토네이도는 유통에서 발생했다. 나이키는 디지털 전환이라는 명분으로 고객과의 물리적 접점을 스스로 끊었다. 직접 소비자 모델 전략 아래 도매 파트너를 50퍼센트 축소하여 40개의 '전략적' 소매 파트너만 남겨두겠다고 선언했다. 다른 말로는 대부분의 유통 채널을 포기하겠다는 것이다. 2019년 말에는 아마존과의 파트너십까지 종료했다. 표면적으로는 '유통 단순화'였지만, 실제로는 '고객 접근성의 복잡화'였다. 일반 매장에서 나이키 제품이 사라지자 소비자는 실물을 보고 신어볼 기회를 잃었다. 인기 제품은 SNKRS 앱 추첨 구매에서만 구매할 수 있었는데 이는 많은 고객들이 구매 좌절을 경험한다는 뜻이었다. 나이키는 디지털 효율성에 취해 물리적 경험의 가치를 간과했다. 단순한 유통을 만들려다 복잡한 구매 경험을 만든 아이러니였다. 결국 소비자들은 매장에서 쉽게 살 수 있는 뉴발란스와 아디다스로 발길을 돌렸다.

세 번째 토네이도는 리더십에서 시작되었다. 그 중심에는 CEO 존 도나호John Donahoe가 있었다. 존 도나호는 2020년 1월 취임한 이베이 출신 IT 전문가였다. 전임자 마크 파커Mark Parker의 디자인과 혁신 중심 철학을 버리고 디지털과 데이터 중심 전략을 밀어붙였다. 결과는 참담했다. 도나호 체제 4년간의 성적표는 대규모 해고와 잦은 조직 개편으로 점철되었다. 주가는 24퍼센트 하락했다. 반복적인 해고와 구조 조정이 이뤄졌다. 해고된 임직원에 이사급 이상의 경영진도 상당수 포함되었다. 혁신도 부족했다. 직원들의 사기는 바닥을 쳤다. IT 업계 성공 방식을 스포츠 브랜드에 그대로 적용한 것이 화근이었다.

토네이도에 잠식되고 만 것이다.

2024년 나이키는 위기 타개를 위해 과거 나이키에서 30년 이상을 일했던 베테랑 엘리엇 힐Elliott Hill을 새 CEO로 영입했다. 그는 나이키의 혁신 역량 회복, 신제품 개발, 스포츠 부문 강화를 본격화할 것으로 기대된다. 오프라인 매장 확대와 파트너십 복원 정책도 추진 중이다. 러

닝과 라이프 스타일 부문에서는 호카 등 신흥 브랜드가 성장세를 이어가고 있지만 나이키 역시 점유율 회복을 시도하고 있다. 그러나 무너진 신뢰를 되찾는 일은 쉽지 않을 것으로 보인다. 나이키의 위기는 전략, 유통, 리더십 영역에서 복잡성이 동시에 폭발한 결과였다. 토네이도에서 벗어나려면 근본적인 체질 개선이 필요하다. 고객 가치를 재정의하고 유통망을 복원하며 혁신의 정신을 되살려야 한다.

단순해 보이지만 가장 어려운 과제다.

스타벅스
제3의 공간을 잃어버린 커피숍

2024년 5월 1일 스타벅스 주가는 실적 발표 직후 시간 외 거래에서 12퍼센트 하락했다. 스타벅스는 여전히 글로벌 시장에서 가장 규모가 크고 수익성이 높은 브랜드 중 하나였지만 당시 CEO 락스만 나라시만Laxman Narasimhan은 고객 트래픽 감소, 글로벌 동일 매장 매출 4퍼센트 하락, 카페 방문객 6퍼센트 감소를 보고하며 실적 부진을 설명했다. 그는 소비자들의 신중해진 소비와 여러 시장에서의 경제 전망 악화를 주요 원인으로 지목했다. 그러나 전문가들은 스타벅스 성장 둔화의 근본 원인을 고객 가치의 변질에서 찾는다. 특히 창업자 하워드 슐츠가 강조했던 "커피 향이 감도는 제3의 공간[*]"이라는 핵심 가치는 사라졌고 고객은 매장에서 더 이상 편안함이나 커피 본연의 매력을 느끼지 못한다

지나치게 많은 사이드 메뉴와 샌드위치류의 판매로 패스트푸드점화되어가는 스타벅스. '커피향이 감도는 제3의공간'이라는 초심으로 돌아갈 수 있을까?

는 평가가 나온다. 이러한 고객 가치 변질은 코로나19 팬데믹 이후 스타벅스가 성장과 단기 이익 창출에 지나치게 집중한 결과로 해석된다.

2024년 실적 부진을 포함해 스타벅스는 고객 가치를 둘러싼 복잡성으로 세 차례의 위기, 즉 복잡성 토네이도를 경험했다.

1990년대 중반부터 빠르게 성장하던 스타벅스는 2007년 한 해에만 전 세계적으로 미국 직영 1,065개 포함한 2,571개 매장을 열며 공격적으로 확장했다. 그러나 과도한 확장 전략은 수익성 악화와 성장 둔화로 이어졌다. 그해 미국 시장에서 고객 방문은 감소하다 못해 사상 최저치를 기록했다. 주가는 24퍼센트 떨어지며 심각한 위기에 빠졌다.

---

* 사회학자 레이 올덴버그Ray Oldenburg가 만든 용어로, 사람들이 모여 휴식을 취하고 이야기를 나눌 수 있는 집과 직장 너머의 장소를 의미한다.

2008년 1월 12일 《뉴욕타임스》는 "스타벅스를 병들게 하는 것을 고치려면"이라는 기사를 보도했다. 기사는 스타벅스가 본연의 정체성을 잃고 평범한 커피와 샌드위치를 파는 기념품 가게로 전락했다고 비판했다. 또한 '스타벅스의 열렬한 팬'으로 알려진 유명 언론인 조 노세라Joe Nocera는 지나친 성장 드라이브 속에서 커피 전문성을 상실한 직원 교육을 재정비하고, 에스프레소 향을 해치는 샌드위치 메뉴를 폐지해야 한다고 촉구했다. 그는 스타벅스가 소비자 기대를 다시 정확히 이해해야 한다고도 덧붙였다.

이것이 스타벅스의 첫 번째 복잡성 위기였다.

스타벅스는 어떻게 대응했을까.

창업자 하워드 슐츠는 고객 가치 회복을 핵심 과제로 삼고 매출 손실 우려에도 불구하고 2008년 2월 미국 내 모든 매장을 3시간 이상 폐쇄했다. 이 시간 동안 모든 바리스타에게 에스프레소 제조와 고객 서비스 교육을 했다. 고객 경험을 해치는 샌드위치가 커피 향을 압도하지 않도록 조치하기 위함이었다. 슐츠의 결단력 있는 리더십과 고객 가치 중심 전략 재편은 스타벅스의 복잡성을 덜어내고 소비자가 원하는 '진정한 커피 경험'을 회복해 지속 가능한 성장의 기반을 마련했다.

그러나 스타벅스는 쓰디쓴 경험을 망각하고 두 번째 복합성 위기에 빠지게 된다. 이들이 겪은 두 번째 위기는 2018년, 조직에 누적된 복잡성이 폭발하면서 발생했다. 조직의 복잡성이 커지면 구성원은 내부 중심적 사고에 갇히고 기업은 사회적 기대와 공동체의 기본 가치를 외면하게 된다. 스타벅스를 뒤흔든 2018년 사건은 이 메커니즘을 선명히 보여주었다. 2018년 4월 12일에 미국 펜실베이니아주 필라델피아의 한 스타벅스 매장 직원은 흑인 남성 두 명이 음료를 주문하지 않고 자리에 앉아 있었다는 이유로 그들을 경찰에 신고했다. 곧 경찰관 여섯 명이 출동해 두 사람에게 수갑을 채우고 연행하기에 이르렀다. 이 장면을 찍은 영상이 소셜미디어에 퍼지면서 미국 전역에서 인종차별 논란이 확산됐다. 시위와 불매운동이 잇따랐다. 일부 시민들은 스타벅스가 내세워온 가치에 어긋난 행동이라며 강하게 비판했다. 사건이 발생한 매장은 며칠간 문을 닫아야 했다. 당시 케빈 존슨 스타벅스 CEO는 직접 필라델피아를 찾아 피해자들에게 사과하고 지역사회 지도자들과 만나 사태 해결 방안을 논의했다. 이후 스타벅스는 2018년 5월 29일 오후, 미국 내 약 8천 개 직영 매장의 영업을 중단했으며 약 17만 5천 명의 직원을 대상으로 인종 편견 방지 교육을 실시했다. 영업 중단으로 인한 매출 손실은 약 2천만 달러에 달했을 것으로 추측된다. 이는 스타벅스가 고객과 사회적 기대에 부응하지 못했음을 인정하고 내부 복잡성 문제를 근본적으로 해결하려는 의지를 보여준 사례다. 스타벅스는 이 사건을 통해 조직 구성원의 행동이 사회적 기준에서 벗어났을 때 즉각적이고 단호한 대응이 필수적임을 깨달았다.

하지만 복잡성을 해소하는 일은 생각보다 더 어렵다. 멀리 갈 것도 없이 스타벅스가 첫 번째 위기에서 뼈아픈 교훈을 얻었음에도 유사한 실수를 반복한 것만 봐도 그렇다. 조직 내 복잡성 관리는 어려운 과제다. 그것을 증명하듯 두 차례의 복잡성 위기에도 불구하고 스타벅스는 2024년에 다시 세 번째 복잡성 토네이도를 겪었다. "커피 향이 감도는 제3의 공간"이라는 핵심 가치가 성장 최우선 전략에 밀려 또다시 훼손된 것이다. 스타벅스는 커피 외의 메뉴를 늘리며 샌드위치와 에너지 드링크를 파는 평범한 패스트푸드점으로 변해갔다. 매출 증대를 위해 도입한 드라이브 스루, 회전율을 높이기 위해 배치된 불편한 의자, 대면 접촉을 최소화한 모바일 주문 시스템은 오히려 '경험'이라는 스타벅스의 본질을 희석시켰다. 2024년 2분기 미국 내 동일 매장 매출은 3퍼센트 감소했고 방문 고객 수는 7퍼센트 급감했다. 소비자는 더 이상 스타벅스를 찾을 이유를 느끼지 못했다. 위기 속에서 스타벅스 이사회는 2024년 재임 기간이 끝나지 않았음에도 CEO 락스만 나라시만을 전격 해임했다. 후임으로는 치폴레를 위기에서 구해낸 턴어라운드 전문가 브라이언 니콜을 영입했다. 행동주의 펀드인 엘리엇과 스타보드 밸류는 새 CEO에게 즉각적인 경영 혁신과 수익성 회복을 압박하고 있다. 브라이언 니콜은 2024년 9월 CEO 취임 첫날, 전 직원에게 "우리는 스타벅스로 돌아갈 것이다 We're getting back to Starbucks"라고 선언했다. 그는 커뮤니티 커피하우스라는 원점 회귀, 매장 경험 개선, 바리스타 근무 환경 개선 등 구체적인 실행 계획을 제시하며 고객 가치 회복과 조직 복잡성 제거 의지를 밝혔다.

그러나 단기 수익성과 효율성에 치중한 니콜의 전략이 스타벅스를 진정한 회복으로 이끌 수 있을지에 대해서는 우려가 크다. 스타벅스의 열성적 지지자들 또한 니콜 CEO의 새롭게 제시될 전략이 문제의 본질을 해결할 수 있을지 의심하고 있기 때문이다.

스타벅스의 사례는 복잡성 관리가 제대로 되지 않으면 복잡성 토네이도는 반복적으로 발생한다는 중요한 교훈을 준다.

2007년, 2018년, 2024년의 위기는 모두 제3의 공간이라는 핵심 가치를 복잡성이 훼손한 결과였다. 세 번째 위기를 맞은 스타벅스는 브라이언 니콜 CEO 영입함으로써 해법을 찾으려 하지만 근본적 모순은 여전하다. 지나치게 높은 CEO의 연봉과 이와 대조되는 바리스타 간의 격차는 '커뮤니티 공간'이라는 가치와 충돌한다. 이런 내부 모순에 노조 갈등, 중국 시장 경쟁 같은 외부 압력까지 더해져 복잡성은 오히려 증가하고 있다.

스타벅스는 이러한 패턴을 끊고 진정한 단순화를 이룰 수 있을까?

카카오
토네이도의 삼중 경고

한국 기업들은 오랫동안 '문어발식 사업 확장', '골목상권 침해', '독과점', '쪼개기 상장' 등으로 비판을 받아왔다. 이런 비판은 주로 재벌 기업을 겨냥했지만 최근에는 '국민 메신저' 카카오톡을 기반으로 급성장한 카카오가 새로운 표적이 되었다. 이들이 카카오톡의 압도적 시장 지배력을 레버리지 삼아 무차별적인 M&A를 추진했기 때문이다. 분야를 가리지 않고 확장한 결과 계열사 수는 2016년 45개에서 2021년 194개로 늘었다.

이 과정에서 조직 내부에는 감당하기 어려운 복잡성이 쌓여갔다. 기업 내 복잡성이 증가하면 외부 이해관계자와의 갈등이 폭발하기 마련이다.

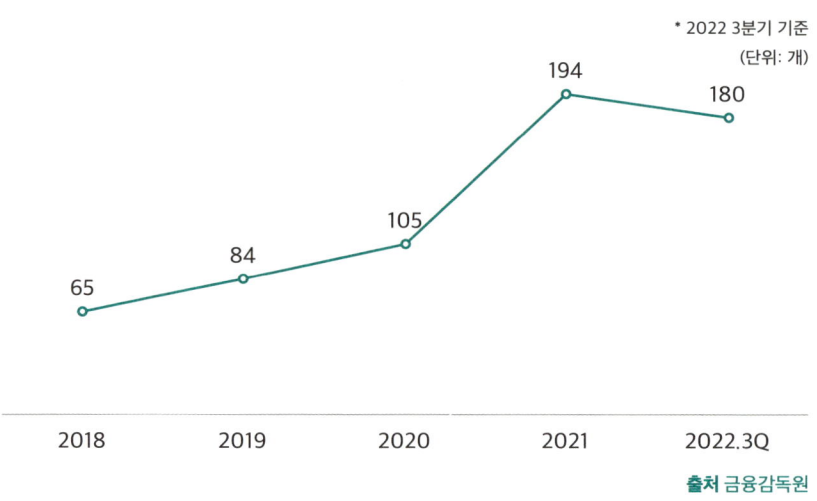

카카오모빌리티가 대표적 사례다.

2015년 카카오택시로 출발한 카카오모빌리티는 2021년 시장점유율 80퍼센트를 차지하며 사실상 독점적 지위를 구축했다. 택시 호출을 시작으로 대리운전, 전기자전거, 렌터카, 주차까지 영역을 가리지 않고 확장했다. 초기에는 원스톱 모빌리티 플랫폼이라는 비전이 통했지만, 무분별한 확장이 만든 복잡성은 결국 혼란으로 이어졌다.

문제는 크게 두 가지였다.

첫째, 서비스가 따로 놀았다. 지나친 서비스 다각화로 인해 각 서비스 간의 연계성이 약화되었고 그 결과 운영과 관리의 복잡성이 증가하여 내부적인 비효율성이 발생하였다. 이러한 복잡성은 본래 지향하던

'원스톱' 서비스의 실체를 약화시켰다.

둘째, 조직이 파편화되었다. 부서마다 자기 실적만 챙겼다. 택시팀은 택시 매출만, 주차팀은 주차 수익만 신경 썼다. 전형적인 사일로 현상이었다. 결과적으로 카카오모빌리티는 고객이 아닌 자신들만 바라보는 조직이 되었다.

이 복잡성이 폭발한 사건이 2024년 '스마트 호출' 논란이다. 카카오모빌리티는 AI가 수요에 따라 요금을 조정하는 다이내믹 프라이싱을 도입했다. 수요가 많을 때는 최대 5,000원의 요금을 추가하자 소비자들은 "독점 기업이 바가지를 씌운다"는 분노를 터트렸다. 택시업계와 소비자의 거센 반발에 결국 카카오모빌리티는 서비스 도입 약 10일 만에 스마트호출 상한선을 2,000원으로 재조정했다. 공정거래위원회는 카카오모빌리티에 대해 콜 몰아주기와 콜 차단 사건으로 총 981억 원의 과징금을 부과했다. 카카오모빌리티의 실패는 복잡성 토네이도의 전형적 패턴을 보여준다.

또 다른 토네이도는 카카오페이에서 불어오고 있었다. 2021년 11월 카카오페이가 상장한 뒤 주가는 장중 최고가 24만 8,500원까지 치솟았다. 하지만 상장 한 달여 만인 12월 10일, 류영준 당시 카카오페이 대표를 비롯한 주요 경영진이 총 44만 주(약 900억 원어치)를 시간 외 거래로 매도했다는 뉴스가 나왔다. 류 대표 혼자서만 약 23만 주를 팔아 469억 원 차익을 거뒀다. 이는 복잡성이 만든 고객 무관심의 전형이다. 카카오페이는 법적 논리에만 매달렸고 고객의 분노와 주주의 배신감은 안중에도 없었다. 금융은 본질적으로 신뢰 산업이다. 돈을 맡기는 일은 믿음이 전제되어야 한다. 공자가 말한 무신불립無信不立, 즉 "신뢰 없이는 설 수 없다"는 원칙을 카카오페이는 스스로 무너뜨렸다. 그 사건 후 카카오페이는 어떤 대가를 치렀을까? 주가가 전부는 아니지만 숫자는 거짓말하지 않는다. 이 소식이 공시되자 이틀간 주가는 9퍼센트 넘게 하락했다. 시가총액은 2조 원 이상 증발했다. 투자자들은 카카오페이 경영진의 행위를 "'먹튀'에 따른 모럴 해저드"라고 비판했다. 특히 상장 당시 "장기적 비전을 공유하겠다"고 강조했던 경영진이 불과 한 달 만에 지분을 처분한 사실이 알려지면서 개인 투자자들의 불신은 더욱 커졌다. 조직이 복잡해지면 내부 논리만 남고 고객은 사라진다. 카카오페이가 그랬다. 그러나 카카오의 진짜 문제는 여기서 끝나지 않았다. 복잡성이 축적된 조직은 위기 대응 능력을 상실한다.

2022년 판교 데이터센터 화재가 그 증거였다.

2022년 10월 15일 오후, 경기 성남시 판교 SK C&C 데이터센터에서 발생한 화재로 카카오톡을 비롯한 카카오의 주요 서비스가 마비됐다. 카카오톡을 쓰는 약 4,700만 명, 그러니까 대한민국 국민의 90퍼센트 이상이 직간접적 불편을 겪으며 사실상 사회 인프라가 멈춰 섰다. 메신저뿐 아니라 카카오페이 결제, 카카오맵, 카카오T 호출, 카카오 로그인이 줄줄이 중단됐다. 행정안전부, 경찰청, 질병관리청 등 공공 서비스도 차질을 빚었다. 피해는 민간을 넘어 행정 전반으로 확산했다. 네이버는 1시간 만에 복구를 시작해 저녁 8시 전면 정상화했지만 카카오는 이튿날 오전이 되어서야 메시지 송수신을 부분적으로 복구했을 뿐이다. 카카오메일, 톡채널, 톡서랍 등은 사흘 이상 장애가 지속됐다. 화재가 발생한 데이터센터는 카카오 외에도 네이버를 포함한 여러 기업들이 사용하는 시설이었다. 그런데 왜 카카오만 장기간 복구가 지연됐을까. 효율성과 비용 절감을 이유로 주요 서비스를 단일 데이터센터에 집중시켰기 때문이었다. 카카오는 단일 데이터센터 운영이 비용 및 관리 효율성 측면에서 유리하다고 판단했으나 이러한 방식은 비상 시 대체할 수 있는 백업 인프라 부족으로 사회적 피해를 키울 수 있는 위험성을 내포하고 있었다. 동일한 데이터센터를 이용한 경쟁사 네이버가 데이터센터 이중화로 비교적 빠르게 서비스 복구를 마친 반면 카카오의 서비스 장애가 길어진 것은 이러한 전략적 결정에 있었다

이 사건으로 인해 국민 필수 서비스로 인식되는 카카오가 서비스 안정성과 위기 대응책 마련에 소홀했다는 비판이 사회적으로 크게 제기되었다. 시스템 미흡이 지목됐다. "국민 메신저가 이 정도 대비밖에 안 했느냐"며 비난이 쏟아졌다. 대표는 고개를 숙였다. 그러나 문제의 본질은 기술적 실패가 아니었다. 4,700만 명의 일상을 책임진다는 무게감을 실감하지 못했던 것이다. 카카오는 상업적 플랫폼을 넘어 사회적 공공재 성격을 지닌 서비스로 자리 잡았음에도 불구하고 내부 조직은 자신들의 사회적 책임과 고객 가치를 충분히 인지하지 못하고 있었다. 이는 조직 내부에 과도하게 누적된 복잡성으로부터 비롯된 대표적인 문제로서, 민첩성 저하, 고객 중심성 약화, 내부 프로세스 과몰입과 같은 다양한 증상들이 복합적으로 작용한 결과였다. 결국 외부 환경과 괴리된 채 효율성과 성장만을 강조한 조직의 의사결정이 사회적으로 심각한 파장을 일으켰다. 카카오는 이 사건을 통해 내부 복잡성을 근본적으로 해소해야 했다. 고객 중심성과 사회적 책임을 명확히 하는 전략적 재정비가 필수적이라는 사실을 절실히 인식해야 했다.

카카오의 세 가지 토네이도는 모두 같은 근원에서 출발했다. 연결이라는 초기의 고객 가치를 잊고 수익에만 매달린 결과였다. 문어발처럼 늘어난 계열사는 시너지 대신 캐니벌라이제이션^{Cannibalization}을 일으켰다. 판교 화재는 단순한 사고가 아니라 복잡성 토네이도의 폭발이었다. 복잡성 토네이도는 단지 시작에 불과했다.

카카오는 이 경고 신호를 무시하고 계속 확장을 추진했고 2023년부터는 복잡성 쓰나미라는 더 큰 재앙을 맞게 되었다. SM엔터테인먼트 인수 과정의 시세조종 의혹과 김범수 의장의 구속까지 이어지는 2차 위기는 뒤에서 상세히 다뤄보겠다.

현대자동차
품질 신화 뒤의 경직성*

2018년 11월 5일, 《로이터》 통신은 충격적인 사진 한 장을 보도했다. 베이징 오토쇼의 현대자동차 부스였다. 텅 빈 전시장 한가운데서 청소부만 바닥을 닦고 있었다. 기사 제목은 더 노골적이었다.

"한때 주목받았던 현대자동차가 빛을 잃은 사연^{How Hyundai Motor, once a rising star, lost its shine}."

---

* 현대자동차에 대한 내용은 2010년~2018년 기간에 해당되는 이야기다.

왜 이런 기사가 나왔을까.

2016년까지만 해도 현대차·기아 글로벌 판매의 23퍼센트를 차지했던 중국의 비중은 쪼그라들었다. 판매량으로 보면 그 충격이 더욱 극명하다. 2016년 180만대로 정점을 찍었던 중국 판매량은 2017년 사드 사태를 기점으로 추락하기 시작했다. 미국도 사정은 같았다. 2017년 시장점유율 7.5퍼센트로 8년 만의 최저치를 기록했다. 《로이터》는 원인을 "잘못된 제품 전략, 부적절한 가격 책정, 그리고 아버지의 유산 Father's Legacy"이라고 보았다. 마지막은 정몽구 회장을 겨냥한 것이었다. 경쟁사보다 R&D 투자가 부족했던 그의 경영 방식이 위기를 불렀다는 신랄한 비판이었다.

《로이터》가 현대자동차의 부진을 비판했지만 아이러니하게도 외형적 측면에서 이들은 글로벌 금융위기 이후 2008년부터 지속적으로 성장하고 있었다. 특히 2010년 도요타의 대규모 리콜 사태를 기회로 삼아 뛰어난 가성비를 앞세워 미국, 유럽, 중국, 인도 등 글로벌 주요 시장에서 점유율을 확대했다. 2018년에는 글로벌 자동차 판매량 5위에 오르기도 했다. 그럼에도 불구하고 로이터는 현대자동차가 빛을 잃었다고 평가했는데 이는 매출이 증가하는 반면 영업이익은 지속적으로 감소하는, 복잡성이 과도할 경우 나타나는 전형적인 현상이 발생했기 때문이다. 복잡성의 역설이었다. 팔면 팔수록 손해가 커지는 기현상이었다. 제품이 늘고 매출은 오르지만 그것을 관리하는 복잡성 비용이 더 빠르게 증가하는 것을 뜻한다. 로이터에 따르면 현대자동차는 겉으로 드러나지 않는 '복잡성 토네이도' 위기를 겪고 있었던 것이다.

잠시 다른 말이지만 필자는 현대자동차와 산학 협력을 위해 남양

연구소를 방문할 때마다 새 건물이 들어서는 모습을 확인했다. 특히 눈에 띈 것은 신축 건물의 명칭이 일관성 없이 제각각이었다는 점이다. 건물명 하나에서도 드러난 이러한 무질서는 급성장 과정에서 나타난 조직 혼란과 복잡성을 상징적으로 보여주는 것 같았다. 한편 현대자동차는 2010년 이후 글로벌 시장에서 급격히 성장하며 사업을 확장하는 과정에서 조직 구조가 복잡해졌다. 이 복잡성은 본사의 중앙집권적 계층 구조와 현지화를 추진하는 해외 조직 간 의사소통과 협력을 저해했다. 예컨대 유럽 시장의 기획 변경 사항이 본사 승인까지 수개월 지연되는 일이 빈번했다.

현대차 구성원들은 개별적으로는 우수했다.

그런데 왜 집단은 실패했을까?

MIT의 도널드 설(Donald Sull) 교수는 활동적 타성을 주장하며 "똑같은 사람들이 모이면 똑같은 실수를 반복한다"고 했다. 풀어서 말하자면 열심히 일하지만 잘못된 방향으로 달리고 있다는 것이다. 현대자동차는 활동적 타성의 대표적 사례라 할 수 있다. 2013년에 진행한 한 조사 결과가 흥미롭다. 현대자동차의 임원 261명 중 부산대 출신이 32명으로 가장 많았고 울산 연구소 출신의 이공계 R&D 인력이 대거 임원으로 성장했다고 한다. 그러나 그 이후 매년 말 단행되는 임원 인사에서는 50대 중반, 공학계열 전공, 특정 대학 출신이라는 공통된 프로필이 뚜렷했다. 다양성은 찾아볼 수 없었다. 이런 조직에서 무슨 일이 벌어질까? 모두가 비슷하게 생각하고 비슷하게 행동한다. 고객은 보이지 않고 내부 경쟁만 치열해진다. 사일로 현상이 불가피해진다. 필자는 2010년대 초반부터 후반까지 현대자동차와 산학 연구를 진행하며 이 문제를 직접 목격했다. 그 경험이 복잡성에 관한 첫 책을 쓰게 된 계기가 되었다. 활동적 타성에 젖은 이들이 만든 제품에는 문제가 많았기 때문이다. 2014년을 보자. 서울 본사에서 LF 쏘나타를 홍보하기 위해 딜러 프리뷰 행사를 열었다. LF 쏘나타의 미국 시장 출시는 현대자동차에게 중요한 분기점이었던 만큼 외국 딜러들도 초청했다. 미국 최대 딜러 스콧 핑크Scott Fink는 그날의 기억을 이렇게 전한다.

"평생 잊을 수 없는 순간입니다. 커버를 벗겼을 때 아무도 박수를 치지 않았습니다. 방에는 20명이 넘게 있었는데요."

딜러들조차 외면한 차를 고객이 좋아할 리 없었다. 실제로 신형 쏘나타는 미국 출시 후 넉 달 동안 4만 1,994대가 판매되는 데 그쳤다. 전작 대비 13퍼센트 감소한 수치였다. 《뉴욕타임스》는 신형 디자인을 두고 "밋밋하고 지루하다bland and boring"고 평가했다. 중국 시장에서도 현대자동차는 뼈아픈 실패를 경험했다. 프리미엄 포지셔닝을 노리며 제네시스 브랜드를 런칭했다. 가격은 일본차와 비슷하거나 오히려 더 높았다. 반면 지리Geely, BYD 등 중국의 토종 브랜드들은 가격 경쟁력과 품질을 앞세워 빠르게 부상했다. 여기에 2017년 사드THAAD 배치로 촉발된 중국의 보복과 반한 감정이 겹치면서 중국 내 현대자동차의 판매는 급락했다. 판매량은 2016년 약 180만 대에서 2017년 약 115만 대로 36퍼센트 감소했다. "가성비 최강"으로 불리던 현대자동차의 브랜드 포지셔닝이 애매해졌다. 가격 경쟁력 면에서는 중국차에, 프리미엄 브랜드 이미지에서는 독일차, 기술과 내구성 측면에서는 일본차에 밀리는 신세가 되었다.

이에 대해 현대자동차는 시장을 읽지 못하는 큰 실수마저 저질렀다. 2010년대 중반, 글로벌 자동차 시장은 SUV 열풍에 휩싸였다. 미국 신차 시장에서 SUV·크로스오버 비중은 2010년 약 30퍼센트에서 2018년에는 50퍼센트를 훌쩍 넘어섰다. 그러나 현대자동차의 주력은 여전히 쏘나타, 아반떼 같은 세단이었다. 쏘나타의 영광에 취해 SUV

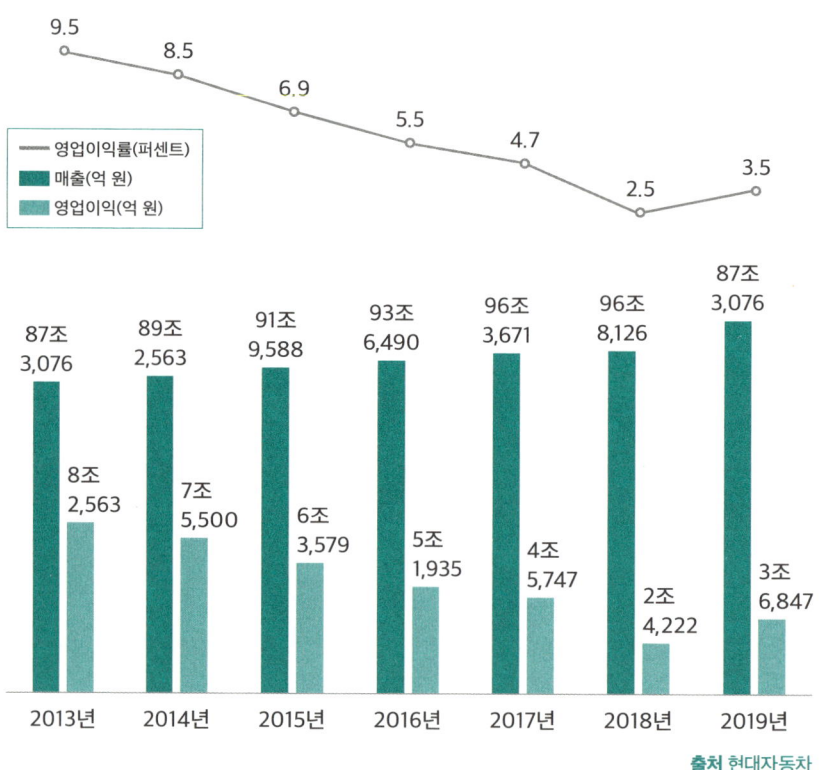

복잡성 토네이도 시기의 현대자동차 실적

출처 현대자동차

개발을 미룬 것이다. 전형적인 내부 논리의 함정이었다. 2017년 현대자동차는 또다시 기회를 놓쳤다. 이들은 이스라엘 스타트업 모빌아이Mobileye와 협력 논의를 하고 있었다. 정의선 부회장이 5월 이스라엘을 방문해 자율주행차 개발을 위한 파트너십을 논의했지만, "대화가 막 시작된 상황으로 아직 결론에 도달하지 못했다"고 현대자동차는 밝혔다. 그들의 눈에는 모빌아이는 '작은 IT 회사'였을지도 모르겠다. 바로 그해 2017년 3월, 인텔이 모빌아이를 153억 달러(약 18조 원)에 인수한다고 발표했다. 전문가들은 "한국은 무인차 개발 경쟁에서 늦었다. 미국 같은 1등급 국가들과의 격차는 3년 정도"라고 진단했다. 기계공학 중심의 사고로는 소프트웨어의 가치를 제대로 읽기 어려웠고, 자동차가 '바퀴 달린 컴퓨터'가 되는 시대, SDV Software Defined Vehicle 전환에 뛰어들어야 한다는 사실을 미처 깨닫지 못한 것이다. 2017년 유럽연합 집행위원회가 발표한 산업 연구개발 스코어보드는 충격적이었다. 매출 대비 R&D 투자 비율은 폭스바겐 5.7퍼센트, 도요타 3.6퍼센트, 다임러 5.3퍼센트, 포드 5.1퍼센트였지만 현대·기아차는 고작 2.6퍼센트에 그쳤다. 매출 규모 차이를 고려하더라도, 앞으로 기술 격차가 더 벌어질 수밖에 없는 구조였다. 당시 현대자동차의 R&D 투자가 경쟁사 대비 소극적이라는 지적이 이어졌다. 장기적 혁신 전략보다는 단기적 대응에 치우쳤다는 비판이 제기됐다. 빠른 추격자 Fast Follower 전략이 더 이상 통하지 않게 된 순간이었다.

결과는 뚜렷했다.

2018년 유럽이 디젤 규제를 강화했을 때 현대자동차는 대안이 없었다. 테슬라가 전기차 혁명을 일으킬 때 현대차는 지켜볼 수밖에 없었다. 코나 일렉트릭Kona Electric을 2018년에야 겨우 출시했다. 더 큰 문제는 방향성 부재였다. 전기차, 수소차, 하이브리드 중 어느 쪽에도 명확히 집중하지 못했다. 모든 것을 조금씩 했다. 선택과 집중 대신 '이것도 저것도' 전략을 택했다. 시장은 혼란스러워했다.

2018년의 위기는 단순한 성장통으로 보기에는 심각했다. 현대자동차는 복잡한 조직 구조와 획일적 기업 문화에 안주한 관리자들의 의사결정 방식과 시장 접근법을 근본적으로 바꿔야 했다. 과도하게 확장된 제품 포트폴리오는 정리하고 조직 구조는 단순화하며 불명확한 기술 전략에서 비롯된 복잡성은 해소하는 것이 시급한 과제였다. 이 시점에서 현대자동차는 중요한 전환점을 맞았다. 바로 정의선 회장 체제로의 경영권 승계였다. 정의선 회장은 2018년 이후 경영진 세대교체를 단행하며 친정 체제를 구축했는데 복잡성 관점에서 이는 조직 내 축적된 복잡성을 제거하는 탈복잡화 과정이라 할 수 있다.

이후로 이어진 현대자동차의 탈복잡화 전략과 구체적 내용은 5장에서 상세히 다룬다.

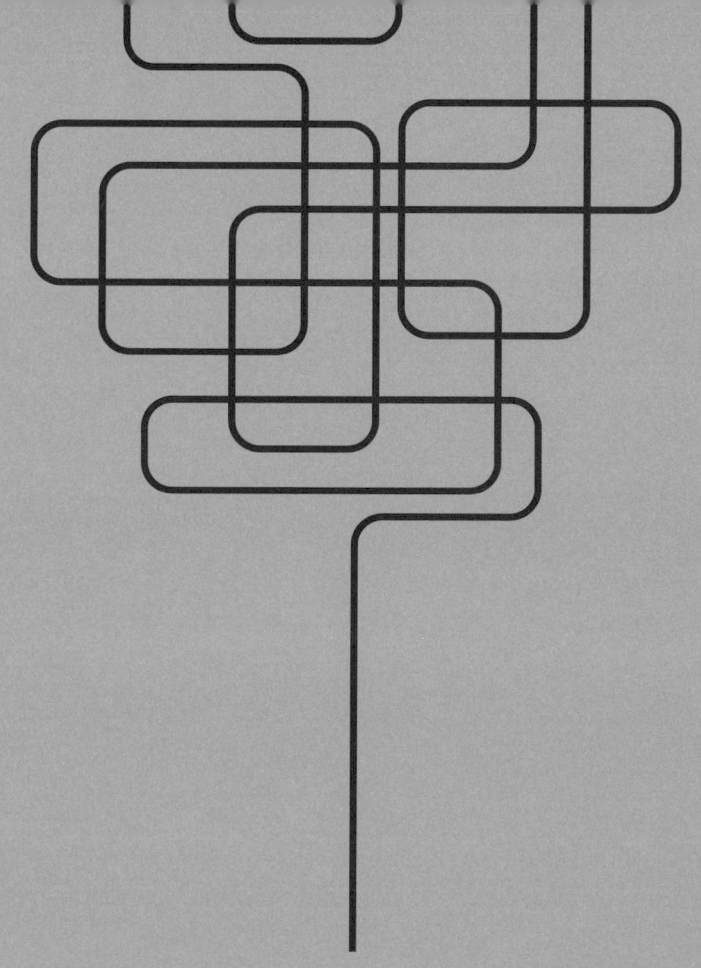

6장

쓰나미의 순교자들
통제 불능의 연쇄 붕괴

예상하지 못한 일이 가장 큰 충격을 준다.
이러한 블랙 스완 이벤트는 우리의 삶과 조직에
엄청난 영향을 미칠 수 있다.
| 나심 니콜라스 탈레브 |

"처음에는 천천히 다가오지. 그러다 갑자기 나타나는 거야."

어니스트 헤밍웨이의 소설 《태양은 다시 떠오른다》에서 마이크 캠벨이 자신의 파산을 묘사한 대사다. 개인, 기업, 사회 모두 안정적이라 믿어온 기반이 무너질 때 우리는 생존을 위협하는 변화의 소용돌이 한가운데로 밀려든다. 이런 변곡점은 예상치 못한 순간 나타나 모든 것을 바꿔놓는다. 기업도 그렇다. 이들은 오랫동안 무시해온 복잡성이 점진적으로 누적되다가 돌연 위기로 표면화되는 순간을 맞이한다.

바로 복잡성 쓰나미다.

쓰나미는 재앙으로 부분적 개선으로는 대응할 수 없다.

롯데그룹
문어발 확장의 대가

영국의 경제학자 노스코트 파킨슨Northcote Parkinson은 조직과 관료제의 비효율성을 지적하면서 "확장은 복잡성을 낳고, 복잡성은 부패를 초래한다"라는 명제를 제시했다. 이는 조직이나 시스템의 규모가 확장될수록 구조적 복잡성이 증가하고, 결국 효율성 저하와 부패 및 비효율성을 유발할 수 있음을 경고한 것이다.

현재의 롯데그룹을 보면 파킨슨의 명제가 떠오른다.

2024년 8월 롯데그룹은 비상경영을 선포했다. 유통·화학 부문 실적 악화와 전 계열사 재무구조 악화로 위기에 직면했기 때문이다. 롯데케미칼은 2022년부터 3년 연속 적자를 기록했고 2024년 3분기까지 누적 손실이 6,601억 원에 달했다. 11개 상장사, 136개 계열사로 확대된 사업 구조가 오히려 위기 대응력을 약화시켰다. 캐시카우였던 화학 부문의 붕괴로 그룹 전체가 연쇄 타격을 받는 등 과도한 사업 확장과 계열사 간 복잡한 의존 구조가 만든 취약성이 드러났다.

롯데그룹은 지난 10여 년 동안 지배구조와 리더십에서 복잡성이 점점 더 깊어졌다. 무엇보다 한국과 일본에 걸쳐 있는 이중적 지배구조가 문제였다. 법적·지배구조상으로는 일본 롯데가 최상단에 있었고, 사업 규모와 고용 면에서는 한국 롯데가 압도적으로 컸다. 이 불균형은 신동빈 회장이 양국 사업을 동시에 총괄하는 과정에서 의사결정 체계를 지나치게 복잡하게 만들었고 결과적으로 경영의 일관성과 효율성을 크게 떨어뜨렸다. 2015년 발생한 형제간 경영권 분쟁은 '진흙탕 싸움'으로 번지며 그룹 리더십과 브랜드 이미지를 심각하게 훼손했다. 경영권 승계가 일단락된 후에도 신동빈 회장의 리더십은 명확한 전략적 방향성을 제시하지 못했다. 그는 2020년 초부터 조직 구성원들에게 "기존의 룰을 깨는 게임 체인저가 되라"고 혁신을 강조했지만 실제로 그룹의 주요 사업 부문인 유통과 화학 부문은 기존 관행을 답습하며 2024년의 비상경영 상황을 초래하고 말았다. 미·중 무역분쟁, 사드 배치에 따른 중국의 경제 보복, 코로나19 팬데믹 같은 급격한 외부 충격 앞에서 롯데그룹은 효과적인 대응을 보여주지 못했다. 복잡한 지배구조와 취약한 리더십이 맞물리면서 위기를 관리할 힘을 스스로 잃어버린 것이다.

더 심각한 문제는 롯데그룹이 대기업 중 가장 강한 순혈주의를 고수해왔다는 점이다. LG그룹은 2018년부터 2022년까지 86명의 외부 인재를 영입했고, SK그룹은 2025년 외부 전문가를 지주사 이사회 의장으로 선임하는 등 개방적 인사를 추진했다. 삼성전자조차 일부 계열사에서 외부 인재 영입을 시도했다. 그러나 롯데그룹 2021년에서야 42년 만에 처음으로 외부 출신을 유통 총괄 대표로 영입하며 변화를 시작했다. 한 기사에서 롯데그룹은 "순혈주의가 유독 강한 곳"으로 평가받았으며, 재직 기간 30년이 넘는 '롯데맨'들이 지주사에 즐비한 것으로 확인된다. 2021년 신동빈 회장이 "그룹 내부에 인재가 너무 없다"며 실망감을 표했다는 증언도 이를 뒷받침한다. 이러한 폐쇄적 조직문화는 혁신을 가로막는 핵심 장애물이 되었다. 롯데그룹 내부에서는 "오프라인 영업에서 잔뼈가 굵은" 내부 승진자들이 대부분이며, 이는 "역설적으로 혁신을 가로막는 요인"으로 지목되었다. 롯데그룹의 복잡한 순환출자 구조는 기업 지배권 유지에는 유리했으나 경영의 투명성과 효율성을 저해하는 주요 원인이었다. 이러한 구조는 투자자의 신뢰를 저하시켰으며, 그룹 내부의 자원 배분을 비효율적으로 만들어 사업 부문

간 시너지 창출에도 장애가 되었다. 화학, 유통, 식품, 호텔 등 다양한 사업부문이 독립적으로 운영됨으로써 전략적 통합이 이루어지지 않고, 각 부문이 개별적 생존 전략을 추구하는 사일로 현상이 심화되었다. 이와 같은 문제점이 명확히 드러난 사례가 롯데온의 실패다. 2020년 4월 롯데그룹은 롯데백화점, 롯데마트, 롯데홈쇼핑, 롯데하이마트 등 그룹 유통 계열사의 온라인몰을 통합하여 2조 원 이상의 투자를 통해 이커머스 플랫폼 '롯데온'을 출시했다. 그러나 롯데온은 출범 이후 5천억 원이 넘는 영업 적자를 기록했다. 이는 롯데그룹의 복잡한 조직 구조와 리더십의 한계를 드러낸 대표적인 사례이며, 사드 사태로 인해 숨겨진 실패한 중국 사업의 교훈을 제대로 반영하지 못한 결과이기도 하다. 롯데온의 실패 원인은 분명했다.

첫째, 물류센터가 계열사별로 분산되어 있었으나 이를 통합하지 못해 당일 배송은커녕 3~5일 배송도 보장하지 못했다.

둘째, 백화점·마트·홈쇼핑 상품 데이터베이스가 통합되지 않아 동일 상품이 다른 가격으로 판매되었다.

셋째, 모바일 앱 사용자 경험이 열악해 평점이 5점 만점에 1.9점에 그쳤다. 3~4점대를 기록하는 쿠팡과는 큰 격차였다.

이렇게 된 것에는 더 근본적인 문제가 있었다. 롯데그룹은 온라인과 오프라인의 본질적 차이를 이해하지 못했다. 오프라인 매장의 프리미엄 경험을 온라인에서도 그대로 구현하려 했지만 온라인 소비자가 원한 것은 빠른 배송, 저렴한 가격, 편리한 검색이었다. 계열사 쇼핑몰을 단순히 합치는 것이 아니라 완전히 새로운 플랫폼을 구축해야 했다

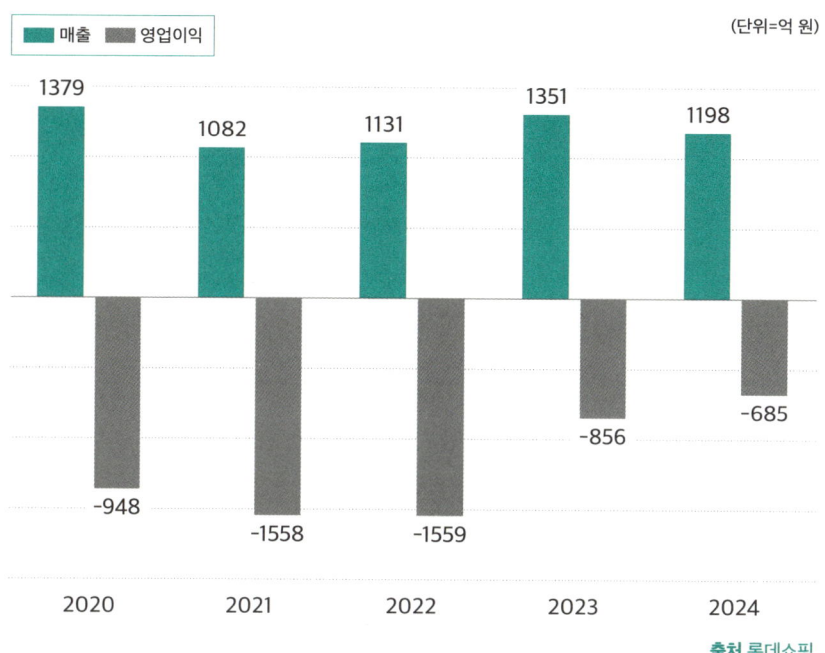

는 지적이 나오는 이유다.

롯데그룹은 복잡한 조직 구조와 경영 방식에서 비롯된 문제로 복잡성 쓰나미를 겪고 있다. 경영 위기와 유동성 문제에 표면적 대응만 한다면 근본적 복잡성은 해소되지 않고 오히려 심화할 가능성이 크다. 지금까지 발생한 문제가 복잡성에서 비롯되었음을 분명히 인식하고, 이를 관리하고 제거하는 근본적 접근을 통해서만 위기를 극복할 수 있다.

카카오
쓰나미로 번진 복잡성

카카오는 3장에서 살펴본 바와 같이 세 가지 토네이도—카카오모빌리티 논란, 카카오페이 먹튀, 판교 데이터센터 화재—를 겪고도 근본적 변화보다 형식적 사과와 임시방편에 의존했으며 내부 요인 개선보다는 M&A를 통한 외형 확대에 매달렸다. 카카오는 각 계열사의 자율적 경영을 강조하며 계열사들이 독립적으로 운영되는 조직구조를 유지해왔다. 초기에는 이로 인해 다양한 사업 분야에서 성과를 냈으나 지나친 성장 추구와 기업공개에 대한 과도한 욕구로 인해 사업 중복과 비효율적인 자원 배분 문제가 발생했다. 특히 무분별한 계열사 확장은 조직 내부 구성원 간의 갈등을 초래했으며, 사업 영역이 중복되거나 우선순위가 충돌할 경우 계열사 간의 협력과 조정에 문제가 발생하곤 했다. 2022년 카카오가 수익성 개선을 명분으로 핵심 자회사인 카카오모빌리티의 지분 매각을 추진했을 때 해당 자회사 임직원들과 노조의 강력한 반발로 인해 결국 계획이 철회된 사건은 이러한 내부 갈등의 대표적 사례다. 이 과정에서 카카오모빌리티 직원들은 모회사의 지분 매각 계획을 자신들의 생존권을 위협하는 행위로 간주하며 극도의 불신을 드러냈다. 이는 카카오 내부의 소통 부족과 협력 미흡, 공동의 비전 및 신뢰 결여를 극명하게 보여준 사건이었다. 또한 경영진의 지속된 주가 조작 논란과 스톡옵션 남용 문제는 직원들의 회사에 대한 신뢰와 자부심을 크게 떨어뜨렸다. 카카오페이의 '먹튀 논란' 당시 일반 직원들은 보호예수 조건에 묶인 상황에서 경영진이 수백억 원의 차익을 실현하는 모습을 지켜보며 심각한 도덕적 해이에 대한 실망감을 표현했다. 일련의 사건들은 내부 구성원의 사기를 저하시켰으며, 이는 인재 이탈과 조직 내부의 혼란으로 이어졌다. 나아가 소액주주, 파트너사, 직원 등 다양한 이해관계자들의 불만도 증가하여 경영진에 대한 압력으로 작용했다. 경영진과 구성원 및 주주 간 신뢰의 붕괴는 조직 내부의 결속력을 약화시키며 회사의 장기적 발전을 저해하는 요인이 되었다. 그렇게 이들은 복잡성 토네이도를 지나 쓰나미 단계로 진입하기 시작했다.

결정적인 계기는 2023년 2월, SM엔터테인먼트 인수전이라 할 수 있을 것이다. 카카오는 하이브와의 경쟁에서 밀리지 않기 위해 주당 15만 원에 35퍼센트 지분 공개매수라는 강수를 두었다. 시장에서는 "메신저 회사가 왜 엔터테인먼트까지 확장하느냐"는 의문과 함께 문어발 확장에 대한 비판이 제기되었으나 더 큰 문제는 따로 있었다. 카카오는 시세조종 의혹을 받고 있었다. 검찰은 카카오가 하이브의 공개매수를 무산시키기 위해 막바지에 대규모 장내 매수를 통해 SM 주가를 공개매수가 이상으로 끌어 올렸다고 판단했다. 김범수 창업자를 포함한 전현직 임원들이 자본시장법 위반 혐의로 기소되었다.

상황을 더욱 복잡하게 만든 것은 김범수 의장의 과거 전력이었다. 현행 법령에 따르면 은행 대주주는 5년간 금융법이나 공정거래법 위반 전력이 없어야 한다. 김범수 의장은 2021년 카카오모빌리티 관련 공정거래법 위반 혐의로 기소된 바 있어 유죄 확정 시 카카오뱅크 대주주

자격을 잃을 위험에 처했다. 1심에서 무죄를 받아 위기를 모면했지만 2024년 SM 주가 조종 혐의로 다시 구속되면서 상황은 완전히 달라졌다. 이번에는 자본시장법 위반이라는 더 무거운 혐의였다. 김범수 의장은 2023년 말 '준법과 신뢰위원회'를 세우며 쇄신을 약속했지만 재판이 장기화하면서 그 약속은 공허한 선언으로 비치고 말았다. 준법위원회는 존재감을 드러내지 못했으며 카카오는 창업자의 법적 리스크와 함께 리더십 불안이라는 새로운 복잡성에 직면하게 되었다. 카카오뱅크 지분 매각 위기는 현실이 될 수도 있었다.

카카오뱅크는 카카오의 핵심 자산이다.

2023년 말 기준 시가총액 약 13조 원 규모로, 카카오가 보유한 27.16퍼센트의 지분은 그룹 전체 가치의 40퍼센트 이상을 차지한다. 김범수 의장의 유죄가 확정되면 카카오는 지분을 10퍼센트 이하로 줄여야 한다. 이는 17.16퍼센트의 지분 매각함으로써 약 2조 원의 손실이 발생해 그룹 전체 재무구조에 치명적 타격을 줄 수 있다는 의미이기도 하다. 그리고 2025년 10월, 서울남부지방법원은 김범수 창업자에게 무죄를 선고했다. 법원은 "시세 조종 목적이 있었다고 보기 어렵다"고 판시했다. 이로써 카카오는 오랜 기간 지속된 사법 리스크에서 일단 벗어났다고 할 수 있다. 검찰이 항소할 가능성은 있지만 사실관계를 판단하는 1심에서 무죄를 선고받은 만큼 완전히 뒤집기는 어려울 것으로 보인다. 정신아 카카오 대표의 경영 쇄신도 가시적 성과를 내고 있다. 취임 당시 132개였던 계열사를 1년 반 만에 99개로 줄였고 2025년 연말까지 약 80개 수준으로 축소할 계획도 밝혔다. 선택과 집중 전략으로 카카오는 2025년 영업이익이 전년 동기 대비 39퍼센트 증가한

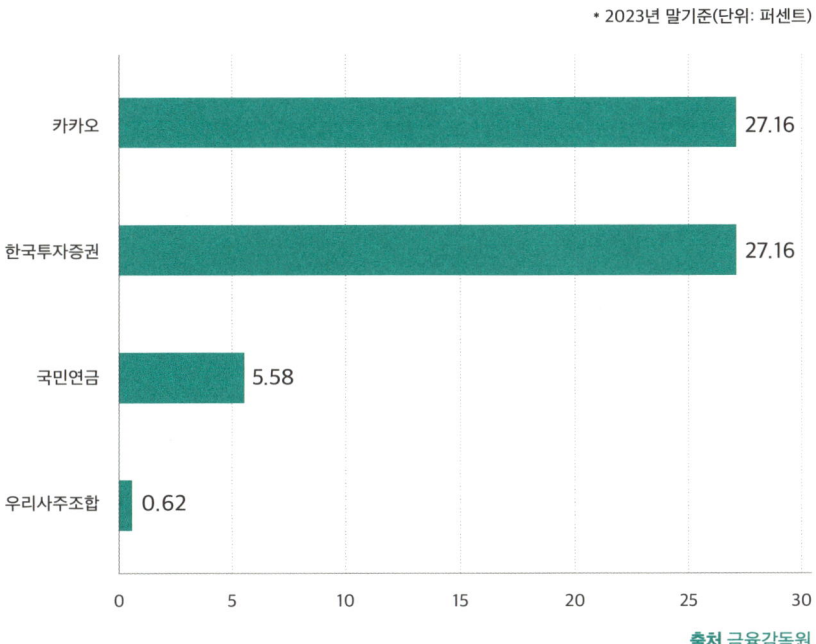

1,859억 원을 기록하며 분기 최대 실적을 달성했다.

그럼에도 카카오에겐 여전히 '탈복잡화'가 필요하다.

법적 리스크를 벗어난 것은 출발점일 뿐이다. 194개까지 늘어났던 계열사를 80개로 줄이는 것도 중요하지만 진정한 탈복잡화는 각 사업이 고객에게 가치를 제공하는지 끊임없이 질문하는 것에서 출발해야 한다. 복잡성과의 전쟁은 이제부터 시작이다.

보잉
하늘에서 추락한 안전 신화

한때 "보잉이 아니면, 가지 않을 것If it's not Boeing, I'm not going"이라는 슬로건으로 세계에서 가장 안전한 항공기 제조사라는 명성을 누렸던 보잉은 최근 "보잉인데, 가도 괜찮을까?If it's Boeing, should I be going?"라는 조롱 섞인 표현과 함께 안전성에 심각한 의문을 받는 기업으로 추락했다. 필자 역시 보잉 항공기를 탑승할 때마다 불안감을 느꼈다. 2018~2019년 두 차례 사고가 있었던 보잉 737 맥스 기종은 예약을 바꾸거나 취소를 진지하게 고민한 적이 있었다. 세계 항공산업을 이끌던 보잉이 이제는 일반 시민조차 신뢰하기 어려운 기업으로 전락한 것은 가히 상전벽해桑田碧海라 할 만하다.

보잉은 1997년 맥도넬 더글라스와 합병한 뒤 약 12만 명이던 직원 수가 2000년대 초 23만 명으로 급증했다. 1997년 맥도넬 더글라스McDonnell Douglas와 합병하기 전까지 보잉은 엔지니어 중심의 조직이었다. 따라서 기체 결함이나 사고 발생 시 즉각적인 개선과 대응 역량을 갖추고 있었다. 그러나 합병 이후 맥도넬 더글라스 출신 임원들이 주도한 본사 이전과 대규모 구조 조정을 거치면서 기존 엔지니어 인력이 축소되고, 금융과 재무 분야 출신 인력들이 그 자리를 채우기 시작했다. 회사의 주요 관심사는 월스트리트 투자자들의 이익을 극대화하는 방향으로 급격히 전환되었다. 2024년 《국제경영학저널》에 따르면 "보잉 엔지니어와 맥도넬 더글라스 회계사 간의 기업문화 충돌"이 발생했으며

한때 안전의 대명사였던 보잉은 최근 들어 잇단 추락사고로 명성에 큰 흠집을 입었다. 안전과 기술에 대한 투자보다 단기적인 재무성과에 집중하는 경영진과 경직된 조직문화로 인해 보잉은 현재 복잡성 쓰나미 위기에 처한 것으로 보인다.

후자가 승리하면서 재무 중심의 단기 성과주의가 만연했다. 품질 관리 문제가 점차 빈번해졌다. 보잉 경영진은 항공기 안전을 기대하는 고객의 목소리보다 단기 주가 상승을 요구하는 기관투자자의 요구를 우선시하면서 복잡성 쓰나미를 일으키고 있었다. 그럼에도 임원진은 직원 급여 삭감과 R&D 투자 축소를 통해 단기적으로 현금 흐름을 개선했고 이를 자사주 매입에 사용해 주가를 인위적으로 끌어올렸다. 2013년부터 2019년까지 약 430억 달러가 자사주 매입에 사용했지만 2017년부터 2019년까지 R&D 투자는 매출 대비 3.2~4.2퍼센트에 그쳤다. 이는 업계 평균이나 주요 경쟁사와 비교해 낮은 수준으로 평가된다.

결과는 참혹했다.

보잉 여객기 추락 사고 사례

기종	사고 발생 지역(시기)	사망자수
737 MAX	인도네시아(2018년)	189명
737 MAX	에티오피아(2019년)	157명
737-500	인도네시아(2021년)	62명
737-800	중국(2022년)	132명
737-800	한국(2024년)	179명

출처 BBC, 로이터 등

    경영진이 기술 혁신과 품질 관리보다 단기 재무 성과에 집중하면서 안전 테스트와 검증 절차가 축소되었다. 대표적인 사례가 2011년 출시된 보잉 737 맥스737 MAX다. 보잉은 연료 효율성 향상을 목표로 에어버스의 A320neo에 대항하여 737 MAX를 급히 시장에 출시했다. 기존의 737 기종 설계를 유지하면서도 복잡한 MCAS 시스템Maneuvering Characteristics Augmentation System을 추가했으나, 충분한 테스트와 검증 없이 성급하게 도입된 이 시스템은 심각한 안전 결함을 야기했다. 2018년 10월 29일 인도네시아의 라이온에어 610편은 이륙 13분 만에 추락해 189명이 사망했고 2019년 3월 10일 에티오피아항공 302편은 이륙 6분 만에 추락해 157명이 목숨을 잃었다. 두 사고 모두 MCAS의 오작동으로 기체가 급강하한 결과였다. 737 MAX는 20개월간 운항이 중단되었지만 2024년 1월에는 알래스카항공 737 MAX 9기에서 도어 패널이 떨어져 나가는 사고가 또다시 발생했다. 2024년 1월 한 달 동안만 보잉 항공기 관련 사고가 다섯 건이나 일어났다.

737 MAX 사고 이후, 보잉의 주력 제품인 787 드림라이너Dreamliner에서도 기술 결함이 추가적으로 발견돼 생산과 인도에 차질이 생겼으며 주요 항공사들과의 관계가 악화되었다. 또한 차세대 장거리 항공기 777X 역시 복잡한 기술 문제와 강화된 안전 요건으로 인해 상업 운항이 계속 지연되고 있었다. 연속된 안전 문제에 대해 주요 고객사들도 우려를 표명하지 않을 수 없었다. 에미레이트항공의 팀 클라크Tim Clark 사장은 한 인터뷰에서 "보잉의 항공기 제조 안전성 기준이 오랫동안 하락세를 보이고 있다"며 자사 엔지니어를 보잉 생산라인에 파견해 제조 과정을 직접 점검하겠다고 발표하기까지 했다. 보잉은 현재까지도 품질 문제, 제조 공정의 결함, 부품 불량, 납기 지연 등의 문제가 지속되며 쇠퇴의 길을 걷고 있다. 결국 보잉은 초기 단계에서 복잡성을 제대로 관리하지 못한 결과, 대규모 '복잡성 쓰나미'라는 심각한 위기에 처하게 되었다. 보잉 렌튼 공장의 품질보증 조사관 샘 모호크는 "전체 시스템이 그야말로 난장판이었다"며 "완전히 고장 난 상태였다"고 증언했다. 현장 직원들은 "윗선의 압박으로 인해 규칙을 지켜지지 않고 있으며, 그 결과 안전을 보장하려는 위한 조치도 취하고 있지 않다"고 덧붙였다.

복잡성은 수치로 드러났다.

2024년 첫 9개월 동안 거의 80억 달러의 손실을 기록했다. 전체 직원의 10분의 1에 해당하는 1만 7천 명을 감원해야 했다. 7주간 지속된 노조 파업으로 55억 달러 이상의 추가 손실이 발생했다. 경영진에 대한 직원들의 분노가 표출된 결과였다. 항공업계 전문가들은 보잉 위기의 핵심이 조직문화에 있다고 지적하며 이들이 기업 문화 개선과 직원들의 업무 목적 명확화에 집중해야 한다고 강조하고 있다.

복잡성 쓰나미의 한가운데 놓인 보잉은 2024년 7월 켈리 오트버그를 CEO로 선임했다. 오트버그는 록웰 콜린스에서 대규모 조직을 통합시킨 경험이 있으며, 2018년 UTC의 300억 달러 인수 과정에서도 복잡한 조직 통합을 성공적으로 이끌었다. 오트버그가 보잉이 의사결정 구조를 단순화하고 복잡성 쓰나미로 초래된 생산 지연, 품질 문제, 공급망 위기를 해결할 수 있을지 주목된다.

인텔

혁신 가치를 잃은 반도체 왕국

2024년 12월 인텔의 팻 겔싱어Pat Gelsinger가 이사회의 압박으로 강제 은퇴했다. 인텔은 2024년에만 주가가 50퍼센트 이상 폭락했으며 같은 해 11월 다우존스 산업평균지수에서 제외되고 엔비디아로 교체되는 굴욕을 겪었다. 2025년 4월에는 1분기 실적 부진으로 대규모 구조조정에 착수하여 핵심 직원 수를 9만 9,500명에서 7만 5천 명으로 줄인다고 발표했다. 이는 약 2만 5천 명 감원으로, 2024년 8월 1만 5천 명 해고에 이은 연속적인 인력 감축이다.

한때 칩질라Chipzilla(칩+고질라)라 불리던 거인이 무너지고 있다.

인텔이 겪는 조직적 복잡성의 핵심 문제 중 하나는 리더십 혼란과 그로 인한 혁신 역량의 쇠퇴다. 특히 전략과 리더십의 복잡성은 인텔의 장기적인 기술 경쟁력과 혁신 역량을 크게 저하시켰다. 2000년대 중반 이후 마케팅과 재무 분야 출신의 단기 성과 중심형 리더들이 주요 경영진을 구성하면서 장기적인 R&D 투자가 축소되고 비용 절감 및 단기적 재무성과 중심의 운영 전략이 주를 이루었다. 이는 일시적 성과 개선을 가져왔지만 장기적으로는 인텔의 기술 혁신과 시장 적응력을 현

인텔 CEO 변천사

CEO	재임 기간	배경	주요 의사결정·실수	결과
폴 오텔리니	2005~2013	마케팅	애플 아이폰 칩 공급 제안 거절	스마트폰·모바일 칩 시장 상실
브라이언 크르자니크	2013~2018	공급망·제조	2016년 약 1만 2천 명 구조 조정, 10나노미터 공정 지연, 극자외선 노광장치 도입 미루기	PC 의존 심화, 기술 로드맵 지연, 2018년 스캔들로 사임
밥 스완	2018~2021	재무	비용 절감 중심 운영, 반도체 기술 경쟁력 강화 실패	단기 재무 안정은 있었지만 TSMC·AMD 대비 경쟁력 약화, 2021년 사임
팻 겔싱어	2021~2024	엔지니어	"4년 안에 5개 노드" 선언, 파운드리 사업 확장 추진	목표 일부 지연, 주가 하락, 2024년 말 이사회 압박으로 퇴임

저히 저하시켰다. 반면 경쟁 기업인 TSMC는 지속적인 R&D 투자를 통해 글로벌 시장점유율을 확대했다.

잦은 CEO 교체로 인한 전략적 불확실성 증가도 인텔의 혁신 역량 쇠퇴를 가속화했다. 2013년부터 2025년까지 인텔은 무려 네 명의 CEO를 교체했다. 그러나 각각의 교체는 전략적 혼란을 가중했다. 폴 오텔리니는 2013년 투자자들의 압력으로 사임했다. 그는 2007년 애플의 아이폰 프로세서 공급 제안을 거절한 인물로, 아이폰이 대량 판매 사업이 되지 않을 것으로 판단해 모바일 시장 진출의 결정적 기회를 놓치고 말았다. 브라이언 크르자니크는 2013년 CEO로 취임하여 알테라Altera와 모빌아이 인수를 통해 사업 다각화를 추진했다. 하지만 앞서 언급한 극자외선EUV 기술 도입 지연이라는 치명적 실수를 저질렀다. 그는 2018년 부적절한 직원 관계 문제로 사임했다. 밥 스완은 2018년 임시 CEO로 취임했다. 재무 전문가인 그는 2017년 제안받은 오픈AI 초기 투자를 "생성형 AI가 가까운 시일 내 시장에 도달하지 않을 것"이라며 거절했다. 현재 오픈AI의 시장 가치는 인텔을 넘어섰다. 팻 겔싱어는 2021년 엔지니어 출신으로 CEO에 선임되어 기대를 모았다. 그는 "4년 안에 다섯 개 노드"라는 야심 찬 목표를 내세우며 파운드리 사업 확장을 추진했지만 막대한 투자에도 불구하고 성과를 내지 못했다. 앞서 언급했듯 그는 2024년 12월 이사회의 압박으로 강제 퇴진했다.

CEO들의 연쇄적 실패는 인텔의 전략 일관성을 훼손하고 시장 경쟁력을 급락시켰다. 2013년 이후 지속된 리더십 혼란은 인텔이 혁신 역량과 지속 가능한 성장을 회복하는 데 최대 장애물이 되고 있다. 이는 인텔의 기술적 실수와도 연결된다. 가장 치명적인 실수를 꼽자면 극자외선^{EUV} 노광장치 도입을 외면한 것이다. 2014~2016년 당시 CEO였던 브라이언 크르자니크는 극자외선 노광장치가 "절대 작동하지 않을 것"이라고 믿고 회사 엔지니어들의 역량을 다른 곳에 집중시켰으나 이 운명적 결정은 인텔의 설계와 제조 사업을 약 5년간 후퇴시켰다. 결과적으로 인텔은 2014년 5세대 브로드웰부터 2018년 9세대 커피레이크 리프레시까지 5세대 연속 14나노미터 공정에 머물렀다. 같은 기간 삼성전자는 2017년 매출 기준 세계 최대 칩메이커로 인텔을 추월했고 TSMC는 제조 기술 선도권을 가져갔다.

외부 기술 변화도 무시했다. 과거 성공에 취한 기술적 자만이었다. 그중 2017년 오픈AI의 제안을 거절한 것은 두고두고 리더십의 패착으로 남을 것이다. 당시 오픈 AI는 지분 15퍼센트에 해당하는 10억 달러의 현금 투자와 하드웨어 공급 건을 제안했으나 당시 인텔 경영진은 당장의 수익성에 집중하여 생성형 AI 모델의 미래 상업성에 회의적 시각을 가졌다. 인텔의 거절로 그 기회는 마이크로소프트에게로 갔고 그

인텔 VS. TSMC

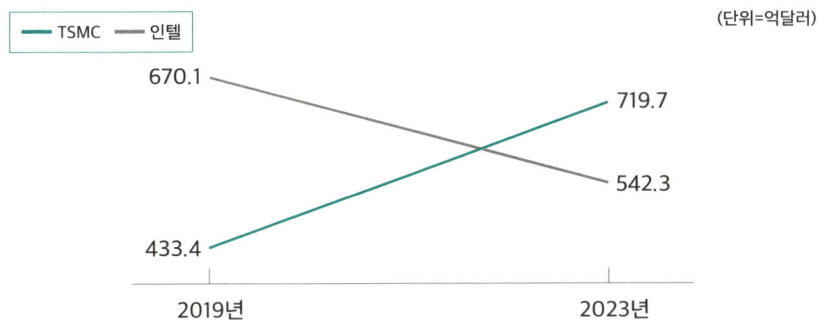

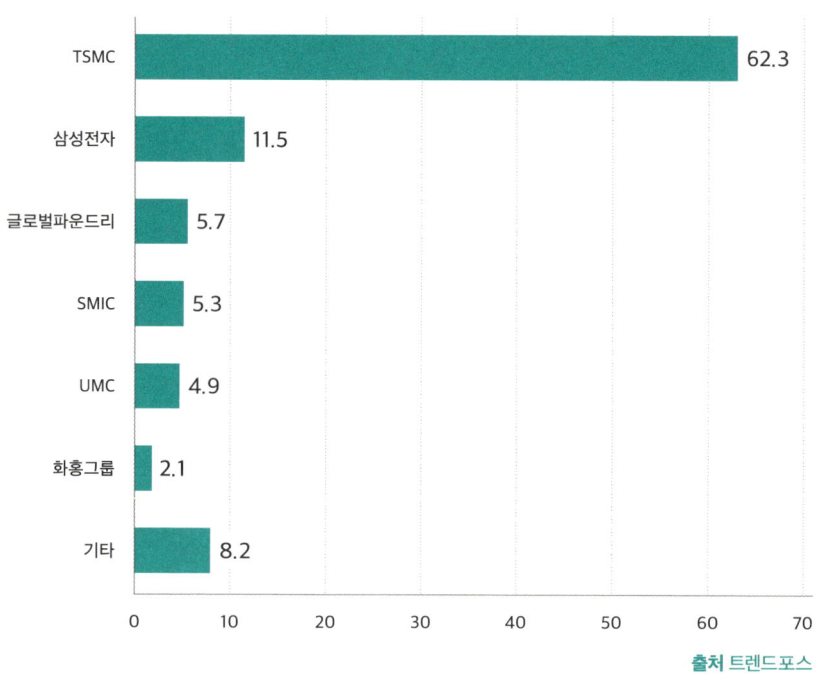

결과는 오늘날 두 기업의 시장 가치가 말해준다. 1999년 엔비디아는 GPU를 출시했지만 인텔의 개발 전략은 CPU에 집중된 채로 남아 있었다. 결국 2020년대 AI 혁명에서 선발주자 위치를 놓치게 되었다. 2020년 엔비디아가 시장 가치 면에서 인텔을 추월한 이후 엔비디아의 GPU는 생성형 AI 기술의 핵심 칩이 되었다. 인텔은 CPU라는 핵심 사업 외에 다른 영역으로도 무분별하게 사업을 확장했다. 2015년 프로그래머블 통신칩 회사 알테라를 167억 달러에, 2017년 자율주행 기업 모빌아이를 153억 달러에 인수하는 등 총 320억 달러의 거액 인수합병에 투입했다. 알테라는 인텔 역사상 최대 규모 인수였지만 현재 매각이 검토되고 있다. 결과적으로 '모든 것'을 하려다 정작 CPU라는 핵심 경쟁력마저 약화했다. 2024년 인텔은 전체 인력의 15퍼센트를 감축하고 자본 지출을 20퍼센트 삭감하는 구조 조정을 단행했다. 막대한 투자를 한 파운드리 사업에서도 성과를 내지 못해 사업부 분사를 결정했다. AMD와 엔비디아와의 경쟁에서 어려움을 겪으며 시장 점유율은 지속적으로 하락했다.

인텔이 직면한 복잡성 쓰나미는 세 가지로 요약할 수 있다.

첫째, 잦은 CEO 교체로 인한 전략적 일관성 붕괴.
둘째, 기술적 자만으로 인한 혁신 역량 상실.
셋째, 무분별한 사업 확장으로 인한 핵심 역량 분산.

1987년부터 1998년까지 인텔을 이끈 앤디 그로브 Andy Grove는 "나쁜 회사는 위기에 무너지고, 좋은 회사는 위기를 견뎌내지만, 위대한 회사는 위기를 통해 더 강해진다"고 말했다. 1985년 그는 적자에 시달리던 메모리 사업을 과감히 포기하고 마이크로프로세서에 집중하는 전략적 변곡점을 만들었다. 이를 통해 인텔은 세계 최강 반도체 기업으로 도약했다.

40년 후 인텔은 다시 변곡점에 섰다.

조직 구조 단순화, 핵심 사업 집중, 혁신 문화 복원이 절실하다. 하지만 이번에는 그로브 같은 리더가 없다. 복잡성 쓰나미를 극복하지 못한다면 한때 왕좌에 앉았던 거인도 역사 속으로 사라질 수밖에 없을 것이다.

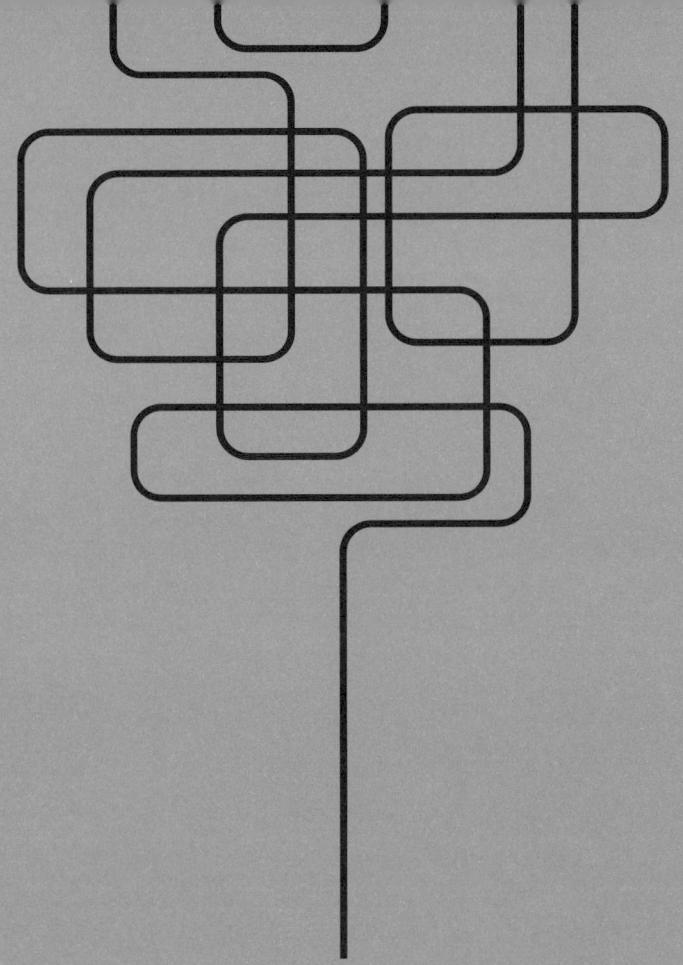

7장

파멸의 종착역
돌아올 수 없는 기업들

확장은 복잡성을 유발하고,
복잡성은 부패를 유발한다.
| 영국 경제학자 노스코트 파킨슨 |

복잡성이 임계점을 넘으면 기업은 회복 불가능한 파멸로 치닫는다. 노키아와 코닥, 엔론과 리먼 브라더스, 대우그룹은 모두 복잡성 쓰나미를 극복하지 못하고 파멸의 종착역에 도달했다. 이제 이들이 어떻게 복잡성 순교자가 되었는지 살펴본다.

노키아·코닥
미래를 읽지 못한 과거의 왕자들

노키아와 코닥은 각자의 산업에서 한때 세계를 지배한 절대 강자였다. 노키아는 2007년 휴대폰 시장점유율 40퍼센트로 정점을 찍었고 코닥은 1976년 미국 필름 시장의 90퍼센트를 차지했다. 그러나 두 기업 모두 급변하는 기술 환경에 적응하지 못하고 몰락했다. 이들의 쇠퇴는 조직 성장 과정에서 누적된 복잡성을 관리하지 못한 데 있었다.

노키아는 1990년대 후반 휴대폰 시장의 폭발적 성장과 함께 조직

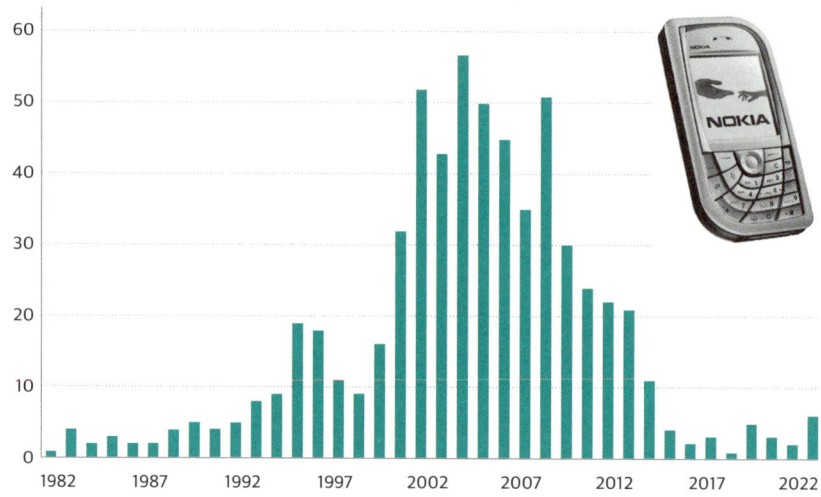

모든 사람에게 맞는 모든 기종을 제공한다는 전략으로 노키아는 무수히 많은 핸드폰 기종을 선보였는데 2005년 한 해에만 50개의 핸드폰 모델을 출시할 정도였다. 이는 16년 동안 애플이 내놓은 모델의 수보다 더 많은 것이다.

규모를 급격히 확대했다. 2000년 시가총액이 2,230억 유로로 최고에 이를 정도로 눈부신 성장을 거뒀다. 하지만 내부에는 복잡성이 빠르게 퍼지고 있었다. 관리자들은 단기 성과에 매달렸고 혁신에 필요한 자원과 시간은 고갈되었다. 성공의 정점에서 시작된 복잡성의 저주였다. 글로벌 휴대전화 시장을 주도하던 시기, 노키아는 모든 소비자 세그먼트를 겨냥해 방대한 제품 포트폴리오를 운영했다. "모든 소비자에게 모든 기종을 제공한다"는 접근 방식 아래 기능과 가격대별 파생 제품을 쏟아냈다. 위험을 줄이기 위해 모델 수를 늘리고 상품 가격을 낮추기 위한 비용 감축 전략을 전개했다. 수많은 신제품을 동시 개발하고 관리하는 전략은 인적·기술적·재무적 자원을 분산시켰다. 복잡한 제품 개발 프로세스는 특히 쇠퇴를 촉진한 결정적 원인이었다. 노키아가 주력 운영체제로 활용한 심비안Symbian은 기종마다 개별적으로 변형된 수많은 버전이 존재하여, 신규 휴대폰 모델 출시 시 매번 별도의 코딩과 테스트 작업이 요구되었다. 이로 인해 제품 개발 기간이 지속적으로 지연되었고 경쟁사보다 제품 출시 주기가 길어졌다. 실제로 2009년 당시 노키아는 무려 57가지의 호환되지 않는 심비안 운영체제 버전을 관리하고 있었는데, 이러한 플랫폼 파편화는 신속한 개발과 혁신 제품의 적기 출시를 가로막았다.

노키아는 2004년부터 대형 터치스크린, 인터넷 기반형 스마트폰 등 차세대 기술을 애플보다 3년 앞서 개발했지만 모든 개발진의 노력이 경영진에 의해 거부당했다. 새로운 전략이나 제품 방향을 결정할 때마다 길고 복잡한 내부 승인 절차를 거쳐야 했으며 중요한 의사결정은 반복적으로 지연되었다. 비대해진 노키아는 자기만족에 빠져 변화를 거부하면서 소비자들에게 외면받았다. 그사이 애플의 iOS와 구글의 안드로이드는 앱 생태계로 시장을 장악했다. 노키아는 여전히 하드웨어에 집착했다. 2007년 40퍼센트에 달했던 스마트폰 시장 점유율은 2013년 3퍼센트로 추락했다.

복잡성이 만든 참사였다.

코닥 역시 R&D 프로세스의 비효율성과 전략적 거버넌스의 부재로 인해 혁신 역량을 제대로 발휘하지 못했다. 한때 세계 최고 수준의 연구개발 인력을 보유하고 20세기 동안 1만 9천 개 이상의 특허를 획득할 만큼 강력한 기술적 역량을 보유했지만, 연구개발 프로세스가 명확한 전략적 지침이나 효과적 관리 시스템 없이 운영됨으로써 개별 프로젝트가 장기화되고 사업적 타당성 판단이 지연되는 문제가 반복되었다. 특히 프로젝트 포트폴리오 관리가 제대로 이루어지지 않아 기업 차원에서 어떤 연구를 지속하거나 중단할지 명확한 결정이 늦어지고 모호했다. 1975년 코닥 엔지니어 스티븐 새슨Steven Sasson이 세계 최초의 디지털카메라를 발명했으나 경영진의 반응은 냉담했다.

"좋기는 한데 아무에게도 얘기하지 마세요."

이들은 디지털 기술 상용화를 꺼렸다. 당시 필름, 화학품, 인화 사업은 이윤이 60퍼센트에 달한 반면 디지털 사업의 이윤은 15퍼센트에 지나지 않았기 때문이다. 코닥은 세계 최초 디지털카메라를 발명했음에도 적절한 시점에 출시하지 못했다. 그 사이 캐논과 소니가 시장을 선점했다. 게다가 코닥은 수직 통합과 사업 다각화로 조직 복잡성이 극단적으로 누적되고 있었다. 1988년에는 제약회사 스털링 드러그Sterling Drug를 51억 달러에 인수했지만 1994년 29억 달러에 매각했다. 핵심 역량과 무관한 분야로의 확장이 전략적 집중력과 자원을 분산시킴으로써다. 정작 핵심이었던 디지털 전환에 집중할 여력을 잃게 했다. 이후 디지털카메라, 잉크젯 프린터, 온라인 사진 공유 서비스 등으로 진출했지만 폐쇄적이고 자체 개발 위주의 전략을 고집해 경쟁력을 확보하지 못했다. 조직은 비대해졌고 관료주의는 빠르게 확산했다.

결말은 비참했다. 2012년 코닥은 파산 보호를 신청했다. 1988년 14만 5천 명이던 직원 수는 1만 4천여 명으로, 매출은 1991년 190억 달러에서 2010년 72억 달러로 축소되었다.

노키아와 코닥의 몰락은 내부에 축적된 복잡성의 함정이 어떻게 혁신 역량과 경쟁력을 무너뜨리는지를 보여준다. 두 기업은 급변하는 시장과 기술 환경에 대응하지 못했으며 그 근본 원인은 조직, 전략, 프로세스의 복잡성에 있었다.

엔론
복잡성으로 포장된 거대한 사기극

파멸이란 조직 내부에 축적된 복잡성이 기업을 외부 환경과 단절시키고 결국 시장과 사회의 신뢰를 상실하여 붕괴에 이르는 현상을 뜻한다. 엔론의 파산은 그 전형적 사례였다. 불투명하고 복잡한 경영·회계 구조, 무리한 사업 확장, 윤리적·전략적 리더십의 부재가 회사를 몰락으로 이끌었다.

엔론은 1985년 휴스턴 내추럴가스와 인터노스의 합병으로 출발했다. 초기에는 천연가스 파이프라인을 통한 에너지 공급업체였지만 1990년 케네스 레이 Kenneth Lay가 제프리 스킬링 Jeffrey skilling을 기용하면서 본격적으로 트레이딩 기업으로 변모한 것이다. 스킬링은 전국 MBA 프로그램에서 최고 인재를 뽑아 극도의 경쟁 환경을 조성했다. 회사는 전

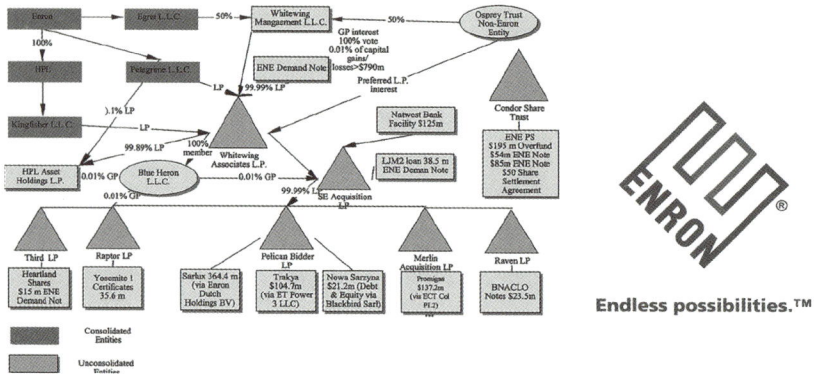

한때 미국 최고의 에너지기업이자 일곱 번째로 큰 회사로 알려졌던 엔론의 거대한 매출과 이익은 결국 허위로 밝혀졌고, 미국 역사상 가장 큰 파산이라는 기록을 낳았다. 특수목적법인을 이용한 엔론의 내부 거래 시스템은 극히 소수만 이해할 수 있을 정도로 지극히 복잡했다.

력, 석유화학, 플라스틱, 브로드밴드, 수도 사업 등으로 손을 뻗으며 덩치를 키워 갔다. 초기에 이러한 확장이 단기 성장을 견인했으나 시간이 지남에 따라 복잡한 거래 구조와 리스크 증가는 내부 통제력의 상실을 초래했으며 장기적으로 조직 붕괴를 가속화하는 주된 원인이 되었다. 엔론은 본업인 에너지 사업에서 발생한 손실을 은폐하기 위해 전통적인 에너지 기업의 범위를 넘어 복잡한 금융상품과 파생상품 거래를 적극 추진했다. 에너지와 전력 거래에서부터 인터넷 사업, 고도로 복잡한 파생상품까지 무분별하게 확장하면서 조직적 복잡성을 더욱 심화시켰다. 파생상품 거래는 불투명한 거래 구조와 규제의 사각지대를 활용하여 외부 감독과 통제를 어렵게 만들었다. 사업 확장은 단기적으로는 외형적 성장과 매출 증가를 이끌었지만 장기적으로는 리스크를 통제 불가능한 수준까지 누적시켜 결국 엔론의 재정적 붕괴와 파산을 야기했다. 1992년 시가회계법 도입 이후 엔론은 전력, 가스, 석탄 심지어 날씨까지 파생상품 거래를 확장했으며 1999년 출시한 '엔론온라인'은 2000년대 초반까지 연간 3,500억 달러 규모의 거래를 수행했다. 그러나 외형적 성장의 이면에는 캘리포니아 전력 시장 조작, 인도 다볼 프로젝트 같은 실패가 이어졌다. 결국 부채는 눈덩이처럼 불어났다. 엔론은 '성장하는 회사'라는 허상을 유지하기 위해 점점 더 의심스러운 관행에 의존할 수밖에 없었다. 엔론은 다수의 특수목적법인을 활용해 부채를 은폐하고 수익을 인위적으로 부풀려 실질적 재무 상태를 왜곡했다. 이러한 복잡한 회계 처리는 외부 투자자와 규제 당국이 엔론의 실제 재무 상태와 리스크를 정확히 파악하기 어렵게 만들어, 기업의 재무적 불투명성과 불안정성을 심화시켰다.

엔론의 주가

출처 Thomson Financial Datastream

가장 치명적이었던 것은 특수목적법인의 남용이었다.

CFO 앤드루 패스토우는 1998년부터 직접 SPV를 운영하며 이해충돌을 방치했다. '랩터Raptor'로 불린 SPV들은 엔론 주식으로만 자본화되어 부실 자산을 옮겨 담는 용도로 쓰였다. 회사와 SPV 간의 비정상적 거래는 공개되지 않았다. 감사 담당자인 아서 앤더슨은 수백만 달러의 수수료를 받고 이 과정에 눈을 감았다. 그뿐만 아니라 사건이 터지자 문서를 파쇄하며 책임을 회피했다. 내부 통제는 사실상 작동하지 않았던 것이다. 2001년 들어 금융 전문지들이 엔론의 수익 구조와 회계 처리에 의문을 제기하기 시작했다. 그해 8월 CEO 스킬링은 3천만 달러어치 지분을 매각하고 돌연 사임했다. 10월 엔론은 6억 1,800만 달러 손실과 12억 달러 규모의 주주 지분 감소를 발표했다. 주가는 급락했다. 이어 대표적 SPV였던 랩터 I가 폐쇄되었고 SEC는 정식 조사를 개시했다. CFO 패스토우는 해임되었다. 회사는 수년간의 실적을 재작성해야 했다.

2001년 12월 2일, 엔론은 챕터 11Chapter 11에 따른 파산보호 절차를 신청했다. 주가는 불과 16개월 만에 90달러에서 0.26달러로 추락했다. 4천 명의 직원이 즉시 일자리를 잃었고, 1만 5천 명 직원의 연금은 휴지 조각이 되었다. 주주들의 손실은 740억 달러에 달했다.

엔론의 몰락은 복잡성 관리 실패가 거대 기업을 어떻게 하루아침에 무너뜨릴 수 있음을 보여주는 상징적 사건이었다.

리먼 브라더스
탐욕이 부른 글로벌 대재앙

리먼 브라더스는 158년의 역사를 가진 미국 4위 투자은행으로, 전 세계에 약 2만 5천 명의 직원을 두고 6,390억 달러의 자산을 보유한 거대 금융기관이었다. '대마불사'를 말하며 절대 무너질 리 없다고 믿었던 사람들은 2008년 9월 15일 미국 역사상 최대 규모의 기업이 파산하는 모습을 속수무책 지켜볼 수밖에 없었다. 리먼 브라더스 파산의 핵심 원인은 비효율적 리더십 체계, 조직적 복잡성, 과도하게 복잡한 금융상품, 그리고 위기 대응 역량 부재에 있었다. 이제부터 내부에 축적된 복잡성이 어떻게 158년 역사의 거대 은행을 무너뜨렸는지 살펴본다.

2000년대 초반, 미국 주택 시장의 호황기에 리먼 브라더스는 본래의 투자은행 업무를 넘어 서브프라임 모기지 관련 금융상품과 같은 고위험 사업 분야로 영역을 공격적으로 확장했다. 특히 당시 CEO였던 리처드 풀드를 비롯한 경영진은 주택 가격의 지속적 상승을 낙관적으로 예측하고 서브프라임 모기지 대출 및 이에 기반한 파생 금융상품 거래 규모를 크게 늘렸다. 그러나 글로벌 금융위기가 임박했음에도 풀드는 위험자산 축소나 구조 조정을 실행하지 않았다. 오히려 서브프라임 모기지 부실화의 위험을 과소평가하며 경쟁사들이 리스크 관리에 나서던 시점에도 공격적인 사업 확장을 유지하는 치명적 오판을 했다.

2000년대 중반 리먼은 월가에서 가장 공격적으로 주택담보부증권과 부채담보부증권을 발행하고 거래한 금융기관 중 하나였다. 이들 파생상품은 기초자산 신용도, 트랜치별 상환 우선순위, 신용보강 구조 등 투자자들이 이해하기 어려운 복잡한 구조로 구성되어, 리스크를 명확히 평가하거나 관리하기 어렵게 만들었다. 리먼 브라더스는 2007년 한 해에만 자산담보증권 발행 잔액을 850억 달러(자기자본의 약 네 배 규모)로 급격히 늘리며 업계 선두로 올라섰지만, 내부적으로는 이에 대한 리스크 관리가 제대로 이루어지지 않았다. 2007년 초 리먼 경영진은 서브프라임 모기지 연체율 급등에도 불구하고 위험이 충분히 관리 가능하다고 평가하는 등 현실과 동떨어진 판단을 내렸다. 시장이 악화되자 이들 금융상품의 가치 평가와 손실 추정이 불가능해지며 리스크 관리는 급속히 어려워졌다.
　　위기 신호는 이미 있었다.
　　2007년 8월, BNP 파리바는 서브프라임 관련 세 개 뮤추얼펀드의 환매를 중단했다. 2008년 3월에는 미국 동위의 투자은행이었던 베어스턴스가 유동성 위기를 겪었다. 그런 가운데 리먼 브라더스는 2007년 초부터 2008년 중반까지 약 18개월 동안 부동산 관련 투자로만 140억 달러의 손실을 입었다. 게다가 2007년 2월 CFO로 임명된 에린 캘런은 2008년 1월 말부터 리처드 풀드와 조 그레고리에게 레버리지 감소와 비유동 자산, 특히 부동산 익스포저 축소의 필요성을 지속적으로 제기했다. 그러나 리먼 브라더스는 움직이지 않았다. 다른 투자은행들이 위험 자산을 처분할 때도 리먼 브라더스는 오히려 확대 정책을 지속했다. 복잡성 관리의 실패로 인한 치명적 실수였다. 사업부들의 반대와 경영진의 미온적 반응으로 인해 2008년 3월 베어스턴스가 결국 부도를 맞아 JP 모건에 인수되는 사태가 벌어지고 나서야 본격적인 자산 매각이 진행되기 시작했다. 가장 논란이 된 것은 '레포Repo 105'라는 회계 처리 방식이었다. 리먼 브라더스는 분기 말마다 자산을 일시적으로 매각한 것처럼 처리해 레버리지를 낮춰 보이게 했다. 2008년 1분기에는 약 480억 달러 규모의 거래가 있었던 것으로 나타났다. CFO 에린 캘런은 2008년 3월 이 거래의 적절성에 대해 우려를 표명했으나, 회계 규칙을 준수하는 합법적 거래로 이해하고 있었다고 증언했다. 결국 수석 부사장 매튜 리Matthew Lee는 2008년 6월경 이 거래에 대한 우려를 담은 내부 고발 서신을 작성했다.

2007년부터 본격화된 서브프라임 모기지 위기는 리먼 브라더스의 조직 내 복잡성과 리스크 관리 실패를 극명하게 드러냈다. 미국 주택시장의 급격한 붕괴로 인해 리먼 브라더스가 대규모로 보유하고 있던 파생 금융상품의 가치는 급속히 하락했고 이는 막대한 손실과 신용 위기를 가져왔다. 이후 다른 금융기관들이 리먼 브라더스와의 거래를 중단하고 자금 공급을 거부하면서 심각한 유동성 문제까지 발생했다. 리먼 브라더스는 2008년 9월 15일 파산보호를 신청했다. 이는 미국 역사상 최대 규모의 기업 파산 사례 중 하나로 기록되었으며, 글로벌 금융시장에 심각한 충격을 주면서 금융위기를 본격적으로 촉발한 사건으로 평가된다. 수천 명의 직원이 일자리를 잃었다. 전 세계 경제 역시 심각한 타격을 입었다.

교훈은 분명했다.

복잡성을 통제하지 못하는 조직은 위기 앞에서 무력하다. 구조를 단순화하고 회계를 투명하게 하며 리스크 관리 체계를 확립하지 못한 기업은 외부 충격이 닥칠 때 회복탄력성을 잃고 무너질 수밖에 없다.

대우그룹
세계 경영이라는 신기루

대우그룹은 한때 국내 재계 서열 2위를 기록한 대표 기업이었다. 세계 경영을 가치로 내걸고 110개국에 진출했지만 무리한 글로벌 확장과 복잡한 경영 구조로 위기 신호를 놓치고 말았다. 대우그룹 파산의 핵심 원인은 무리한 사업 확장에서 비롯된 통제 불능이었다.

1967년, 27세의 김우중이 소규모 섬유 무역회사로 시작한 대우는 110개국에 포괄적인 사업 네트워크를 구축했으며 글로벌 진출에서 현대와 삼성을 앞서며 국내에서 가장 글로벌화된 기업 중 하나로 자리 잡았다.

문제는 속도였다.

1998년 대우그룹은 41개 계열사와 396개 해외법인을 거느리며 급속한 글로벌 확장을 추진했다. 1995년 폴란드 FSO 자동차 공장 인수를 시작으로 우즈베키스탄 면방 공장과 자동차 공장, 루마니아 망갈리아 조선소까지 신흥시장을 중심으로 광범위하게 인수했다. 그것도 자기 자본은 20퍼센트 정도 들이고 기업 매수 자금은 대부분 매수되는 기업의 자산을 담보로 국내외 금융사에서 차입하는 방식을 택했다. 각국의 정치와 경제 리스크는 제대로 검토되지 않은 채 확장만 거듭했던 것이다.

통제 불능한 확장의 뿌리는 김우중 회장의 독단과 '대우맨'이라는 동질화된 조직 문화에 있었다. 김우중은 모든 의사결정을 독점했다. 이는 단기적으로는 빠른 성장을 이룰 수 있었던 비결이었지만 장기적으로는 위기 대응력을 잃게 한 전략이었다. 김우중 회장은 절대적이었다. "세계는 넓고 할 일은 많다"라는 구호 아래 직접 해외를 누비며 주요 투자를 결정했다. 추후 이루어진 검찰 수사에 따르면 그는 직접 지시를 내렸고 중요 사안은 계열사 CEO를 제치고 실무진으로부터 직접 보고 받았다. 이러한 구조에서 현지 법인장들과 임원들은 독립적 판단보다는 회장님 지시에 의존하게 되었다. 조직은 실제 재무 상황과 리스크를 직시하기보다 외형 성장을 우선시하는 집단사고에 빠졌다. 급변하는 시장 환경에서 필요한 신속하고 유연한 현장 대응 역량은 구조적으로 제약받을 수밖에 없었다. 이런 독단적 지배구조는 41조 원이라는 세계 최대 규모의 분식회계라는 폐단으로 이어졌다.

1997년 외환위기가 터지며 부채 폭탄이 폭발했다.

1997년 말 11조 원에 달하던 부채는 1998년 말 22조 원으로 늘었고, 1999년 원화 단기차입금은 2조 7,700억 원에서 9조 8,500억 원대로 급증했다. 최종적으로 총부채는 89조 원에 달했다. 김우중은 현실을 받아들이기보다 분식 회계를 통해 실상을 감추기에 급급했다. 검찰 수사 결과, 대우는 총 41조 원 규모의 분식 회계를 저지른 것으로 드러났다. 대우는 1997년도 회계에서 실제 부채 9조 7,493억 원을 7조

4,741억 원으로 축소하고 1조 2,803억 원의 당기순손실을 2,512억 원의 순이익으로 조작했다. 이 또한 김우중이 직접 "부채비율을 400퍼센트 이하로 낮추고 이익 배당률을 2퍼센트로 맞추라"고 지시한 것으로 밝혀졌다. 1999년 1월 21일 이건희 전 삼성 회장과 김우중이 만나 삼성자동차와 대우전자 간 빅딜을 합의했으나 결국 이뤄지지 않았다. 하지만 이 시도 자체가 부채를 줄이기는커녕 확장을 지속하려 했음을 보여준다.

그리고 도미노는 이미 시작되었다. 자기 자본 대비 부채가 400퍼센트를 넘는 상황에서, 계열사 간 상호 보증으로 얽힌 구조는 한 곳이 무너지면 전체가 연쇄적으로 붕괴할 수밖에 없었다. 이는 외환 위기 당시 다른 대기업들과는 대조적이었다. 삼성과 현대는 구조 조정을 초과 달성했고 SK와 LG 역시 90퍼센트 이상을 이행하며 부채 감축에 힘썼다.

정부도 손을 뗐다. 1998년 8월 대우그룹의 모든 계열사는 워크아웃에 들어갔다. 은행들은 일제히 대출을 중단했다. 같은해 11월 김우중은 모든 직책에서 물러났고, 대우그룹은 해체 과정에 들어갔다.

복잡성을 방치한 대가는 32년 역사의 종말이었다.

*

지금까지 우리는 복잡성의 파괴력을 목격했다.

3장에서는 코스트코, 넷플릭스, 레이징 케인즈, 샤오미가 단순함을 무기로 시장을 지배한 과정을 살펴보았다. 이들의 공통점은 명확했다. 복잡성이 증가하는 순간을 포착하고 즉각 단순화로 대응했다는 것이다.

4장에서는 성공의 절정에서 복잡성의 유혹에 빠진 기업들을 살펴보았다. 사우스웨스트항공은 47년의 단순함을 버리고 복잡한 길을 선택했다. 애플은 제품 라인을 늘리며 스티브 잡스의 유산을 잊어가고 있다. 테슬라는 전기차에서 로봇까지 모든 것을 하려다 그 어느것도 제대로 하지 못하는 함정에 빠졌다.

5장에서는 더 처참한 사례들을 다루었다. 나이키는 복잡성 토네이도에 휩쓸려 주가가 하루 만에 폭락했다. 스타벅스는 17년간 같은 실수를 세 번 반복했다. 카카오는 계열사의 복잡성에 질식해 창업자가 구속되는 비극을 맞았다. 롯데, 보잉, 인텔은 복잡성 쓰나미에 휩쓸렸고 노키아, 코닥, 엔론, 리먼 브라더스, 대우그룹은 결국 파멸했다.

이제 질문을 던져야 할 때다.

당신의 조직은 지금 어디에 있는가?
복잡성 세이렌의 유혹에 빠졌는가, 아니면 이미 토네이도가 시작되었는가?

어디에 있든 절망할 필요는 없다. 복잡성에서 벗어난 기업들이 있다. 이들이 어떻게 복잡성의 늪에서 탈출했는지, 그 구체적 방법을 이제부터 살펴본다.

3

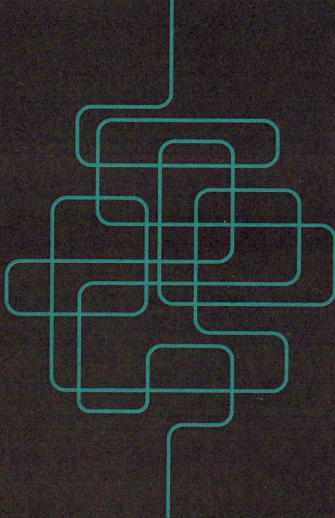

대탈출,
파멸의 고리를 끊는
실전 전략

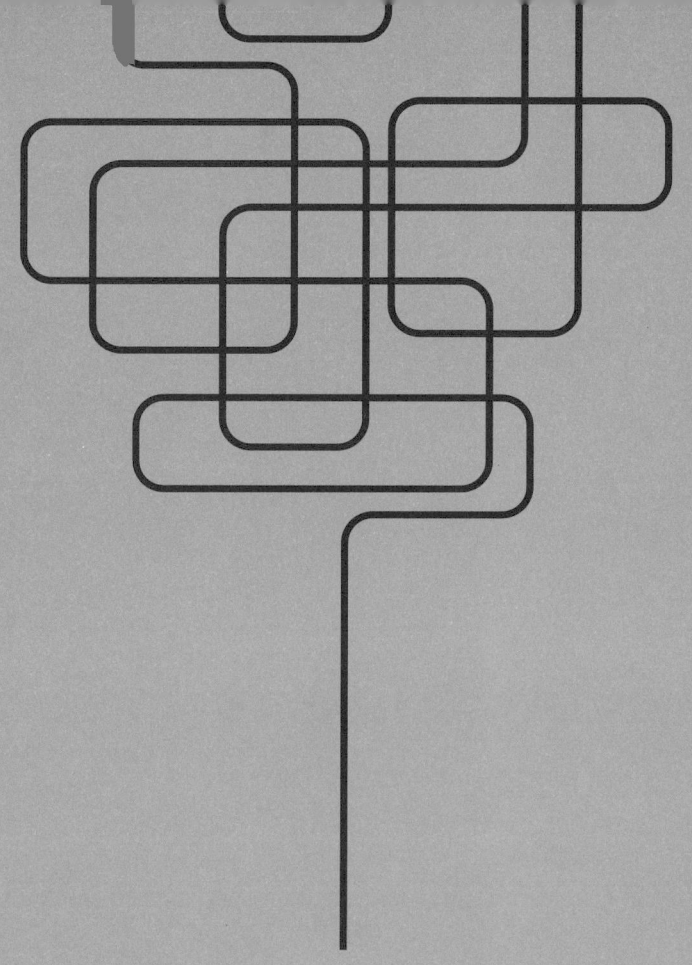

8장

전략

단순화 4대 법칙

가능한 한 단순하게,
그러나 너무 단순하게는 안된다.
| 알베르트 아인슈타인 |

지난 10여 년간 필자는 기업 현장의 경영진과 학계에 복잡성의 위험성을 경고해왔다. 그러나 대부분의 반응은 냉담했다. "대기업은 원래 복잡할 수밖에 없다", "어쩔 수 없는 일"이라는 체념이 지배적이었다. 그러나 앞서 살펴본 것처럼 복잡성이 초래하는 피해는 결코 가벼이 넘길 수 없다. 조직은 복잡성의 폐해를 자각하는 순간부터 탈복잡화 전략을 실행해야 한다.

전략
선택과 집중

전략의 복잡성 문제를 다룰 때 우리는 질문을 던져야 한다. 우리는 올바른 일을 하고 있는가? 시간과 자원이 가치를 창출하는 활동에 집중되고 있는지 점검해야 한다는 의미다. 우리는 그 올바른 일을 올바른 방법으로 하고 있는가? 전략 목표 달성을 뒷받침할 수 있도록 조직과 프로세스가 설계되었는지 검토해야 한다는 의미다. 물론 현실은 정반대로 흘러간다. 전략의 과도한 복잡성은 자원과 시간을 낭비할 뿐 아니라 조직, 프로세스, 제품, 서비스 등 다른 부문에도 연쇄적 전이를 일으킨다. 오늘날 많은 리더가 정보 과부하 속에서 결정을 내리지 못하고 더 많은 정보와 더 정교한 전략에 집착하며 복잡성을 키운다. 미 해병대가 복잡한 전략을 "전쟁터에서 몰살되기 좋은 전략"이라 비판했듯 과도한 복잡성은 조직의 위기 대응 역량을 저하한다.

그렇다면 이미 복잡성에 빠진 조직은 어떻게 빠져나올 수 있을까? 이 책에서 복잡성 토네이도나 쓰나미를 마주친 기업이 위기에서 벗어나기 위한 전략적 탈복잡화 방안을 제안해보자면 다음과 같다.

첫째, 고객 가치의 단순화다. 고객 가치 제안의 명확성을 회복해 고객 중심성을 강화한다.

둘째, 경쟁 전략의 단순화다. 지속 가능한 경쟁 우위를 확보할 핵심 전략에 집중한다.

셋째, 혁신 전략의 단순화다. 고객 가치와 경쟁력을 높이는 기술이나 비즈니스 모델에 집중한다.

먼저 고객 가치의 단순화부터 살펴보자.

아마존의 창업자 제프 베조스는 고객 중심 경영을 "우리는 경쟁자가 아니라 고객에게 집착한다. 우리는 고객의 필요에서 시작해 역으로 해결책을 찾는다"고 강조했다. 많은 기업이 고객 중심 경영을 표방하지만 실제로는 고객 가치보다 단기 이익을 우선시한다. 이는 복잡성의 함정에 빠져 고객 가치의 본질을 망각했기 때문이다. 고객 가치를 창출하는 과정이 복잡해지면 기업은 근본적 요구보다 단기 이익에 집착하고 결국 나쁜 이익을 추구한다. 무분별한 비용 절감, 인건비 축소, R&D 축소가 대표적이다. 기업은 고객이 진정으로 원하는 가치에 집중하고 이를 명확히 전달해 장기적 충성도와 지속 가능한 성장을 이뤄야 한다. 고객 가치 단순화 전략을 성공적으로 구현한 대표 사례가 샤오미다. 창업자 레이쥔은 제품 평가 기준으로 고객의 비명을 제시했다. 고객이 샤오미의 가치 제안—뛰어난 성능과 파격적 가격—에 놀라지 않는다면 진정한 경쟁력이 아니라는 것이다. 기업이 고객 가치 단순화를 실현하려면 다시 질문해 봐야 한다.

- 우리는 고객에게 명확하고 차별화된 가치를 제공하는가?
- 그 가치는 고객에게 독창적이고 충분한 만족을 주는가?
- 가치 전달 과정이 긍정적 경험을 제공하는가?
- 고객 경험이 장기적 충성도로 이어지는가?
- 급변하는 시장에서도 현재의 고객 가치는 여전히 유효한가?

이 질문들을 토대로 기업은 고객 가치를 명확히 정의하고, 단순하고 직관적인 방식으로 전달해야 한다. 고객 가치 단순화와 함께 검토해야 할 것이 경쟁 전략의 단순화다. 경쟁 전략이란 기업이 시장에서 경쟁 우위를 확보해 경쟁자보다 유리한 위치를 차지하기 위해 수립하는 전략이다. 대표적인 경쟁 우위 확보 방법은 원가 우위, 차별화된 제품·서비스·기술에 기반한 차별화, 특정 시장에 주목하는 집중 전략이다. 그러나 이 세 가지 경쟁 전략이 과도하게 복잡해지면 기업은 자신이 누구와 경쟁하는지, 무엇이 핵심 경쟁력인지조차 파악하지 못하게 된다.

여기서 잠깐, 단순화 전략은 정말 효과적일까?

여러 연구와 사례는 경쟁 우위 확보에 있어 복잡한 전략보다 단순한 전략이 더 효과적임을 보여준다. 글로벌 브랜드 컨설팅사 시겔앤게일Siegel+Gale의 〈Global Brand Simplicity Index 2018~2019(글로벌 브랜드 단순성 지수 2018~2019)〉에 따르면 전략적 단순성을 추구한 글로벌 상위 10개 브랜드는 2009년 이후 주요 증시 지수 대비 67.9퍼센트 높은 성장률을 기록했다. 또한 소비자의 55퍼센트는 단순하고 직관적인 경험을 제공하는 브랜드에 더 높은 가격을 지불할 의향이 있으며, 64퍼센트는 브랜드의 단순성 때문에 높은 충성도를 보였다. 반면 단순성을 추구하지 않는 브랜드는 매년 약 980억 달러(130조 원)의 불필요한 비용을 추가 지출한다. 단순화의 위력을 보여주는 또 다른 관점이 있

단순화 글로벌 상위 10대 브랜드

1	2	3	4	5
NETFLIX	ALDI	Google	LIDL	Carrefour
6	7	8	9	10
M	trivago	Spotify	UNIQLO	SUBWAY

다. 《무조건 심플Simplify》의 저자인 리처드 코치와 그레그 록우드는 효과적인 경쟁 전략으로 가격 단순화와 상품 단순화를 제안한다. 가격 단순화는 가격 경쟁력으로 대중 시장을 지배하는 전략이고, 상품 단순화는 명확한 차별화를 통해 프리미엄 시장을 창출하고 지배하는 전략이다.

문제는 욕심이다.

많은 기업이 대중 시장과 프리미엄 시장을 동시에 공략하려다 복잡한 경쟁 전략에 빠진다. 이는 브랜드 정체성 혼란과 고객 혼동을 초래한다. 도요타가 렉서스를 별도 브랜드로 런칭한 것처럼 시장별 명확한 전략 분리가 필요하다. 경쟁 전략 단순화의 핵심은 사업 목적과 경쟁력을 분명히 하고 고객 가치 중심으로 전략을 재구성하는 것이다.

경쟁 전략과 더불어 반드시 단순화해야 할 영역이 혁신 전략이다. 혁신 전략이 복잡해지면 기업은 단기 수익에 집중하게 되고 장기적 혁

경쟁 전략 단순화

구분	정의·전략 방향	대표 효과	주의점·실패 요인
가격 단순화	가격 경쟁력을 통해 대중 시장 지배	저가 대량 판매, 시장 점유율 확대	프리미엄 시장과 혼용 시 브랜드 정체성 혼란
상품 단순화	명확한 차별화를 통해 프리미엄 시장 창출 및 지배	높은 부가가치, 강력한 브랜드 충성도 확보	대중 시장과 혼용 시 고객 혼동 발생

신 역량과 시장 대응력이 약화한다. 이를 보여주는 뼈아픈 사례들이 있다. 혁신의 아이콘으로 불렸던 3M, 마이크로소프트, 팔로알토 연구소가 대표적 사례다. 3M은 "최근 5년 내 신제품이 전체 수익의 30퍼센트를 차지해야 한다"는 30/5 룰로 경쟁력을 유지했다. 그러나 2010년대 이후 단기 수익 극대화에 치중하며 R&D 투자를 축소해 혁신 역량이 쇠퇴했다. 마이크로소프트도 스티브 발머가 CEO로 재임하는 2000년부터 2014년까지 2,500억 달러의 이익을 거뒀지만 기존 시장에서 발생하는 안정된 이익에 집착해 검색 엔진, 소셜 미디어, 스마트폰 시장을 놓쳤다. 단기 성과 중심의 내부 경쟁과 관료주의로 사일로 현상이 심화하고 협업 문화가 붕괴했다.

혁신 전략이 복잡해지면 기업은 고객보다 내부 연구진의 기술적 성취에 치중하게 된다. 제록스의 팔로알토 연구소가 대표적이다. 이들은 GUI, 이더넷, 레이저 프린터 등 획기적 기술을 개발했지만 상품화에 실패해 애플과 3Com이 그 성과를 가져갔다. 진정한 혁신은 기술 선도력과 생태계 협력 역량의 결합이다. 애플, 구글, 아마존, 메타 등 플랫폼 생태계를 구축해 시장을 지배한다. 반면 한국 기업들은 싸이월드, 아이리버 등 선도적 기술을 보유했으나 폐쇄적 전략으로 생태계 구축에 실패했다. 혁신 전략의 탈복잡화는 장기적 고객 가치 창출과 생태계 기반 협력으로의 전환을 의미한다.

조직
층위 줄이고 권한 늘리기

조직 복잡성의 5대 원인

구분	주요 원인
거버넌스	• 불명확한 의사결정 및 승인 절차 • 분산되거나 모호한 책임 구조 • 전략과 불일치하는 성과 지표·보상 체계 • 갈등 해결 메커니즘 부재
조직 구조	• 전략과 불일치하는 구조 • 과도한 계층 구조 • 과도한 보고 체계와 접점 • 지원 부서-현장 부서 간 연계 부족 • 외부 이해관계자와의 복잡한 관계
조직 역량	• 핵심 역량 부족 • 업무 지식·정보 부족 • 부적절한 교육·개발 프로그램 • 인재 발굴·육성 체계 부재
역할·책임	• 단위 간 역할·책임 모호 • 과도하게 세분화된 전문 역할 • 관리자의 역할 과부하 • 역할 간 중복·경계 모호
조직 문화	• 과도한 통제·개입으로 인한 신뢰 결여 • 자유방임으로 전략적 방향 상실 • 과도한 중앙집권화·방어적 태도 • 과도한 분권화로 인한 조정 실패

조직의 복잡성은 조직 구조 자체가 아니라 구성원에 의해 생성된다. 거버넌스, 조직 구조, 역량, 역할과 책임, 조직 문화. 이 다섯 요소가 일상적 활동을 통해 축적되며 복잡성을 키운다.

조직 탈복잡화는 두 가지 전략으로 추진된다.

첫째는 조직 설계 단순화다. 거버넌스, 구조, 역할과 책임을 명확히 정의하고 간소화해야 한다.

둘째는 조직 문화 단순화다. 구성원 역량과 문화를 체계적으로 개선해야 한다.

콜린스와 멜빈 제이는 2011년 유럽 내 직원 5천 명 이상 기업 300곳과 경영진 600명을 대상으로 조사했다. 그 결과, 조직 설계의 복잡성이 기업 성과를 저해하는 최대 요인으로 나타났다. 특히 조직 구조와 의사결정 시스템이 주요 원인이었으며 성과 지표 보고, 운영비 결정, 자본비 결정 프로세스도 복잡성을 가중했다. 최근 삼성전자의 부진은 조직 복잡성의 폐해를 보여준다. 2025년 상반기 기준 삼성전자 전체 임원 수는 약 1,150명이다. 최소 집계임에도 대규모 체제를 유지하고 있다. DS 부문 임원만 약 440명으로 전체의 38퍼센트를 차지한다. SK하이닉스 전체 임원 수는 205명 내외로, 삼성전자 DS 부문 임원 수만으로도 SK하이닉스 전사 임원의 두 배가 넘는다. 이러한 과도한 임원 규모와 복잡한 조직 구조는 삼성전자의 경쟁력 약화 요인이다. 이는 2025년 경영 전문지와 산업 분석 보고서에서도 반복적으로 지적되었다.

누적된 복잡성은 경쟁력을 잠식한다.

좋은 조직 설계란 올바른 사람이 올바른 방식으로 일을 수행하도록 지원하는 것이다. 단순화는 목적이 아니라 수단이다. 효율적이고 협력적인 환경을 구축하는 도구이며 변화하는 환경에서 경쟁력을 유지하기 위한 필수 요소다. 평가 방식도 단순화가 필요하다. 복잡한 평가가 곧 과학적이라는 인식은 오해다. 과도한 복잡성은 평가의 본질을 흐릴 뿐이다. 올바른 평가는 세 가지 원칙을 따른다.

첫째, 적게 측정하되 핵심만 평가한다.
둘째, 활동이 아닌 결과를 평가한다.
셋째, 평가는 수단이지 목적이 아니며 반드시 개선으로 이어져야 한다.

이 원칙은 사일로와 관료주의를 해체하고 자율, 협력, 소통의 문화를 만든다.

조직 문화 단순화는 전략 단순화가 전제되어야 한다. 복잡한 전략은 복잡한 조직을 낳는다. GE의 잭 웰치가 "1등 아니면 2등, 아니면 철수"라는 단순명료한 전략으로 성공한 것처럼, 명확한 전략이 명확한 조직을 만든다. 바쁘지만 비생산적인 직원, 부서 간 갈등, 사소한 일에도 꾸려지는 위원회는 문화적 복잡성이 극에 달한 조직의 증상이다. 흔히 문제를 프로세스나 역할에서 찾는다. 하지만 근본 원인은 조직 문화와 구성원 역량에 있다. 조직 복잡성은 구성원의 일상적 행동과 결정이 축적된 결과다. 복잡한 조직일수록 다양성이 증가할 것이라 생각하기 쉽다. 실제로는 정반대다. 획일적 채용과 평가가 동질성을 강화한다. 명문

대학 출신, MBA, 특정 자격증 같은 일률적 기준이 비슷한 사고와 경험을 가진 사람만 걸러낸다. 사회학의 필터링 이론과 디마지오^DiMaggio와 파월^Powell이 말한 제도적 동형화가 바로 이것이다. 또한 헨리 타이펠^Henri Taifel의 사회 정체성 이론에 따르면 그렇게 조직에 들어온 구성원은 집단 정체성에 동화되고 그 집단의 사고와 행동을 무의식적으로 모방한다. 이 현상이 반복되면 조직 사고는 획일화되고 내부자적 사고가 고착화되는 악순환이 발생한다. 구성원 획일화는 곧 다양성의 소멸이다. 조직 문화를 단순화하려면 다양성을 의도적으로 확대해야 한다. 구글이 심리적 안전감을 최고의 팀 성과 요인으로 꼽은 것도 다양성이 혁신의 전제임을 보여준다. 다양성이 결여된 조직은 시장과 괴리되고 결국 생존을 위협받는다.

제품·서비스
적을수록 강하다

제품·서비스가 복잡해지면 전체 포트폴리오의 20퍼센트 제품이 80퍼센트의 수익을 창출하고, 나머지는 손실을 낳는 파레토 법칙이 작동한다. P&G는 2014년에서 2015년까지 180개 브랜드 중 약 100개를 정리해 최종 65개만 남겼지만 전체 이익의 95퍼센트를 유지하며 성공적으로 구조 조정을 단행했다. 기업이 손실 제품을 유지하는 이유는 복잡성 비용이 원가에 반영되지 않기 때문이다. 표면적 수익성에 속아

부서별 복잡성 문제

부서	복잡성 문제
판매 부서	제품 포트폴리오 복잡성
생산 부서	생산 계획 및 일정 관리
공급망 부서	재고 증가
재무 부서	고정자산 증가

복잡성 비용을 간과한다.

복잡성 비용은 여러 부서와 기능에 분산돼 숨어 있어 실제 파악이 어렵기 때문에 각 부서는 문제를 단편적으로만 인식한다.

제품·서비스 복잡성을 줄이는 방법은 두 가지다.

바로 업스트림 탈복잡화와 다운스트림 탈복잡화다. 업스트림 탈복잡화는 원자재, 기술, 부품, 공급업체, 개발 프로세스를 표준화하고 모듈화해 공급망을 단순화한다. 폭스바겐이 다양한 모델에 적용할 수 있는 MQB 플랫폼으로 차종별 부품의 60퍼센트를 공유한 것이 대표적이다. 다운스트림 탈복잡화는 제품 모델, 브랜드, 유통 채널 등 수요 측면 비효율을 제거한다. 이익 기여도가 낮거나 성장 잠재력이 없는 제품은 즉시 정리한다. 스티브 잡스가 애플 복귀 후 제품 라인의 70퍼센트를 정리한 것이 전형적 사례다.

많은 기업은 매출 손실을 우려해 저성과 제품 정리를 미룬다.

그러나 비효율 제품을 제거하는 것은 장기적 경쟁력의 핵심이다.

프로세스
자동화와 표준화의 균형

프로세스 복잡성은 기업 효율을 저해한다. 넷플릭스는 구성원에게 자율성과 책임을 부여해 불필요한 절차가 만드는 경직성을 막고 절차를 명확하게 구분한다. 그렇다면 좋은 절차는 무엇이고 나쁜 절차는 무엇일까. 절차는 본래 효율을 위해 설계되지만 사람은 본능적으로 과잉 설계한다. 그 결과 절차가 늘어나고 복잡성이 심화된다. 과도한 접점이 생기면 중복 업무와 재작업, 예외 처리가 잇따라 발생한다. 모두 비용 낭비지만 회계상으로는 드러나지 않는다. 맥킨지가 발표한 〈조직 복잡성의 숨은 비용〉 보고서에 따르면, 프로세스 복잡성으로 인한 숨은 비용은 매출의 10~40퍼센트에 달한다. 특히 제조업은 평균 25퍼센트, 서비스업은 35퍼센트 수준으로 나타났다. 복잡성의 폐해는 전체 관점에서만 드러난다.

프로세스 탈복잡화는 원인 파악에서 시작한다. 복잡성은 지속적 진화, 업무 확장 및 중복, 불명확한 정의, 임시방편, 과잉 설계에서 발생한다. 따라서 프로세스 단순화의 기본 원칙은 간단하다. 우선 중복되거나 불필요한 프로세스를 제거해야 한다. 유사한 프로세스는 표준화하고 불필요한 규칙은 없앤다. 마지막으로 자동화할 수 있는 업무는 기계에 맡기며 사람은 전략적 업무에 집중하도록 한다.

프로세스 복잡성의 5대 원인들

영역	정의
지속적 진화	• 비즈니스 성장에 따른 프로세스 진화 • 빠른 성장으로 임시방편적 개선 반복 • 오류 발생 시 프로세스만 추가, 기존 것은 방치 • 과도한 수정으로 원형 상실
업무 확장·중복	• 입력 요소의 급격한 변화 • 불필요한 단계 누적 • 초기 설계 대비 처리량 한계 초과 • 후속 프로세스와 단절
불명확한 정의	• 자연 발생적 프로세스의 미문서화 • 담당자별 임의 운영 • 인수인계 시 일관성 상실
임시방편	• 비효율 시스템 보완용 프로세스 생성 • 임시방편의 고착화
과잉 설계	• 프로세스의 과도한 복잡화 • 모든 예외 상황 대비로 인한 비효율 증폭

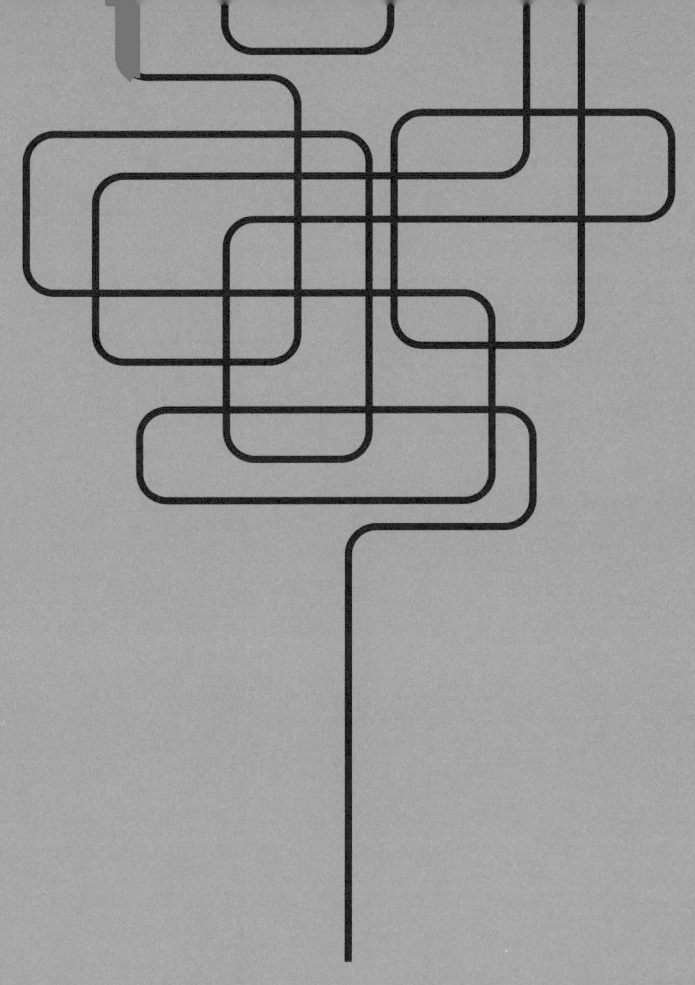

9장

부활

복잡성 고리를 끊고 돌아온 기업들

필요한 것만을 추구하라. 불필요한 것은 제거하라.
그러면 평온한 마음을 유지할 수 있을 것이다.
| 그리스 철학자 에피쿠로스 |

탈복잡화의 4대 원칙—전략, 조직, 제품, 프로세스—은 단순하다. 그러나 실행은 결코 단순하지 않다. 복잡성에 익숙한 조직일수록 변화에 저항한다. 그럼에도 성공한 기업들이 있다.
　이제 그들의 생생한 투쟁과 승리를 다룬다.

현대자동차
단순명료한 리더십의 힘

　현대자동차는 2018년 이후 영업이익률이 상승했다. 이는 외부 환경에 단순히 적응한 결과가 아니라 내부 복잡성을 제거한 탈복잡화 전략의 성과였다. 변화의 핵심은 리더십 비전의 명확화, 전략의 단순화, 제품 포트폴리오의 최적화였다.

탈복잡화 전후 영업이익률 비교

(단위: 퍼센트)

■ 영업이익　── 매출액

연도별

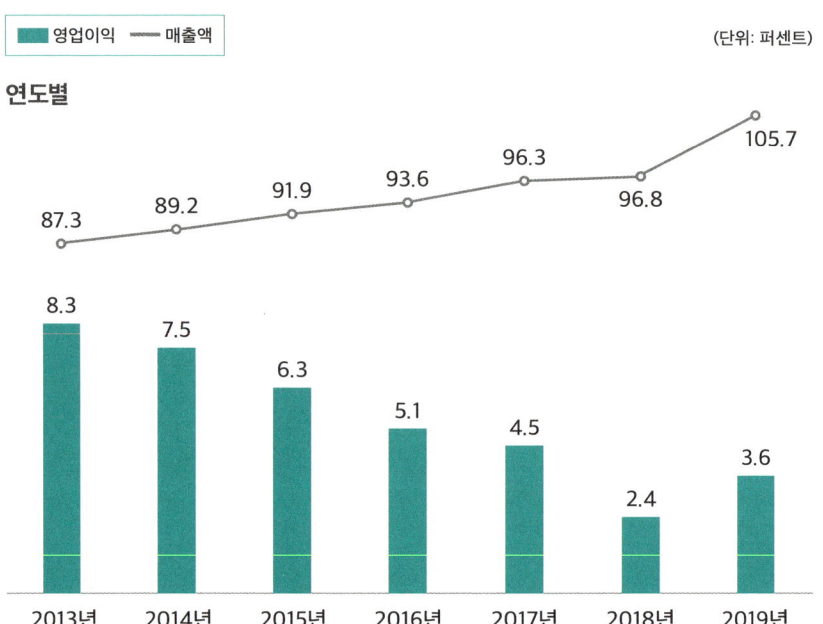

	2013년	2014년	2015년	2016년	2017년	2018년	2019년
매출액	87.3	89.2	91.9	93.6	96.3	96.8	105.7
영업이익	8.3	7.5	6.3	5.1	4.5	2.4	3.6

분기별

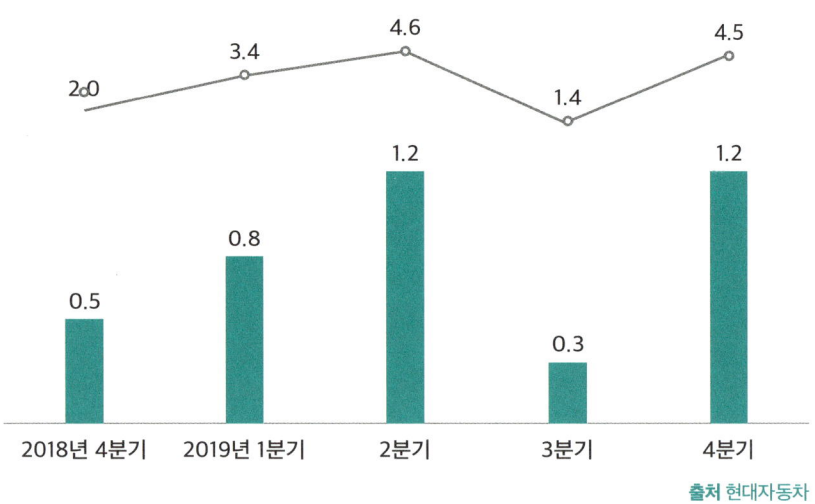

	2018년 4분기	2019년 1분기	2분기	3분기	4분기
매출액	2.0	3.4	4.6	1.4	4.5
영업이익	0.5	0.8	1.2	0.3	1.2

출처 현대자동차

모든 변화는 리더에서 시작된다. 정의선 회장*은 취임과 동시에 내연기관 중심의 전통적 경영 방식을 벗어나 전동화와 모빌리티 서비스를 핵심으로 하는 새로운 리더십 체계를 구축했다. 그는 기존 경영진을 쇄신하는 동시에 디자인 총괄 피터 슈라이어, 연구개발 총괄 알버트 비어만, 제네시스 디자인 총괄 루크 동커볼케 등 글로벌 인재를 적극적으로 영입했다. 또한 고객 채널 앤 서비스 부문을 글로벌 운영 사업부에 통합하여 운영 효율성을 높이고 딜러 중심의 글로벌 사업 운영 특성을 반영했다. 최고 마케팅 책임자^{CMO} 토마스 셰메라 등 외부 인재를 영입해 마케팅과 제품 라인을 단순화했다. 이러한 조직 개편을 통해 현대, N 브랜드, 아이오닉 브랜드에 대한 마케팅 이니셔티브를 보다 조율된 방식으로 소통할 수 있게 되었다.

리더십이 방향을 제시했다면 전략은 그 방향을 현실화했다. 2010년대 후반 현대자동차는 장기적인 친환경차 전략의 핵심으로 전기차 중심의 비전을 확립했다. 수소연료전지는 자동차 부문 외에도 항공과 해상 운송 분야로 확장해 자동차 부문의 복잡성을 줄이는 동시에 새로운 수익원을 확보했다. 또한 2023년 말부터는 실적이 부진한 중국 시장과 지정학적 불확실성에 가로막힌 러시아 시장에서 철수하고 성장 잠재력이 높은 인도와 동남아 시장에 자원을 집중하는 탈복잡화 전략을 실행했다. 전략이 명확해지자 제품도 단순해졌다. 모듈화와 표준화를 통해 복잡성을 줄이고 개발 유연성을 확보했다. 수소연료전지차와 순

---

* 2005년 기아자동차 대표이사를 시작으로, 2009년 현대자동차 부회장을 거쳐 2020년 현대자동차그룹 회장에 취임하며 경영 승계를 마무리했다.

수전기차를 병행 추진하는 전략을 구축했으며 2030년까지 수소차 생산능력 50만 대와 7조 6천억 원 투자를 계획하는 동시에 전기차 분야도 대폭 강화했다. 2021년 출시된 아이오닉 5를 시작으로 전기차 포트폴리오를 확대했다. 전기차 전용 플랫폼 E-GMP, Electric-Global Modular Platform 을 도입해 2021년부터 다양한 전기차 모델을 단일 플랫폼에서 생산한 것이다. 이를 통해 생산 공정을 단순화해 제조 비용 절감과 효율성 향상을 동시에 달성했다. 해외 시장에서도 명확한 제품 포트폴리오를 구축해 복잡성을 줄였다. 특히 미국 시장에서는 SUV 수요 증가에 대응해

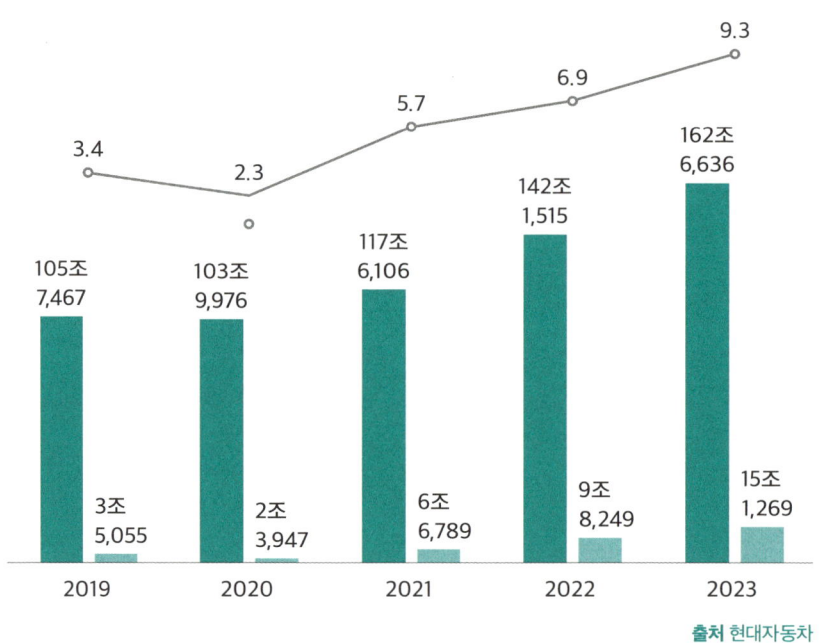

현대자동차 매출·영업이익 성장 추이

출처 현대자동차

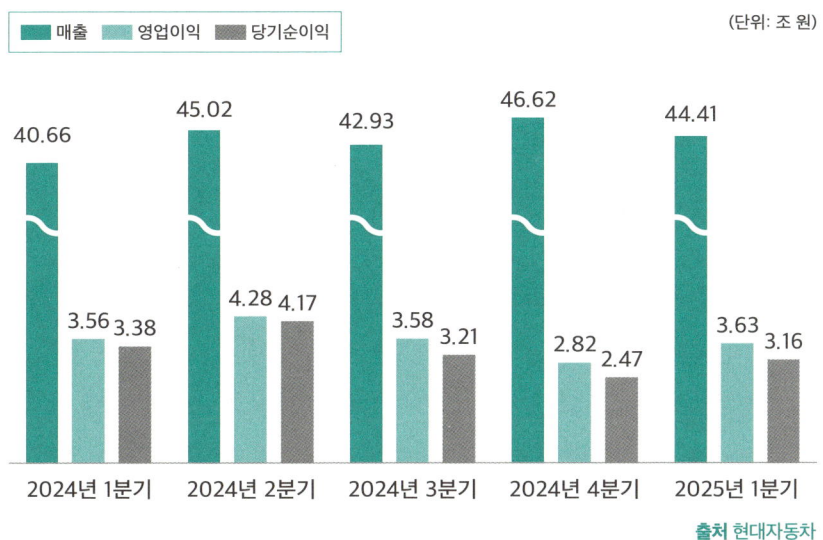

현대자동차 실적 추이

(단위: 조 원)

출처 현대자동차

고속성장과 글로벌 시장으로의 진출 이후 복잡성 토네이도를 겪으며 난맥에 빠졌던 현대자동차는 리더십 비전의 명확화, 전략의 단순화, 제품 포트폴리오의 최적화를 통해 복잡성의 고리를 끊어버리는 데 성공했다.

세단 중심 라인업에서 벗어나 투싼, 싼타페, 팰리세이드 등 SUV 모델을 확대했다. 현대자동차는 2020년 기준 미국 시장점유율은 4.4퍼센트를 기록했다. 시장 지위를 강화할 수 있었다. 전기차 시장도 놓치지 않았다. 미국과 유럽에서는 프리미엄 전기차 브랜드 제네시스를, 아시아와 신흥 시장에서는 합리적인 가격대의 전기차를 공급해 시장 요구에 대응했다.

현대자동차는 탈복잡화 전략으로 괄목할 만한 성과를 거두었다. 2021년 매출은 117조 6,106억 원, 영업이익은 약 6조 6,789억 원으로 상승세를 기록하기 시작했다. 2024년 매출은 175조 2,312억원으로 사상 최대를 기록했으며, 영업이익은 14조 2,396억원, 영업이익률은 8.1퍼센트를 달성했다. 2025년 상반기 현대차·기아 합산 영업이익률은 8.7퍼센트로 도요타 9.2퍼센트에 이어 글로벌 2위를 기록하며 업계 최고 수준을 유지하고 있다.

그럼에도 과제는 남아있다.

전기차와 자율주행 분야에 대한 대규모 투자는 불가피하다. 이에 따라 복잡성이 증가할 위험을 선제적으로 관리해야 한다. 또한 해소되지 않은 순환 출자 구조는 추가적인 복잡성을 낳을 수 있는 리스크다. 결국 탈복잡화 전략의 지속적 실행이 현대자동차 장기 성장의 핵심 열쇠가 될 것이다.

GE
컬프의 대수술, 복잡성 제거

GE는 1892년 토머스 에디슨이 설립한 에디슨 전기와 톰슨-휴스턴의 합병으로 탄생했다. 이후 130년 넘게 미국 산업 발전의 상징으로 자리 잡으며 글로벌 종합 기업으로 성장했다. 특히 1981년부터 2001년까지 20년간 CEO로 재임한 잭 웰치는 GE를 세계 초일류 기업으로 이끈 인물로 평가받는다. 그는 "1등 아니면 철수"라는 원칙 아래 공격적인 인수합병과 사업 확장을 단행했다. 금융, 제조, 미디어, 에너지 등 다양한 영역으로 진출한 결과, GE의 매출은 다섯 배, 시가총액은 서른 배 성장했다. 《파이낸셜 타임스》는 GE를 3년 연속 '세계에서 가장 존경받는 기업'으로 꼽았으며 《포춘》은 잭 웰치를 '세기의 경영자'로 선정했다. 그러나 이와 같은 급격한 성장의 이면에는 점차 누적되는 복잡성이 있었다.

GE는 다각화된 사업 구조 속에서 조직의 유연성을 잃어갔다. 부문별 이해관계가 얽히며 의사결정 속도는 느려졌고, 자원은 비효율적으로 배분되었다. 부문 간 시너지도 약화되면서 '규모의 경제'가 오히려 부담이 되었다. 특히 금융 부문인 GE캐피탈은 빠른 성장의 견인차였지만, 2008년 글로벌 금융위기 당시 전체 자산의 절반을 차지하던 이 부문이 막대한 손실을 기록하며 GE 전체를 위기로 몰아넣었다. 후임 CEO 제프리 이멜트는 이러한 상황을 "복잡성에 잠식된 조직 구조

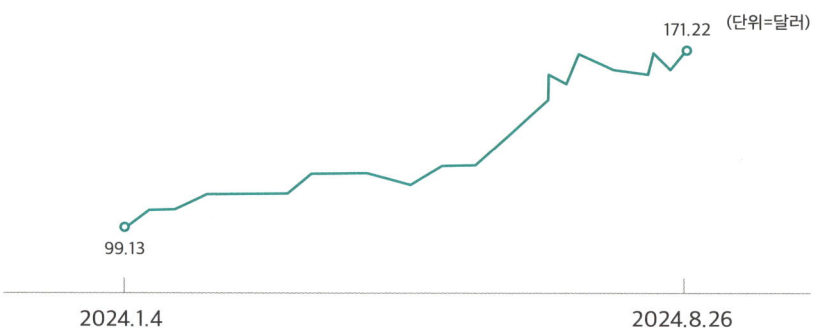

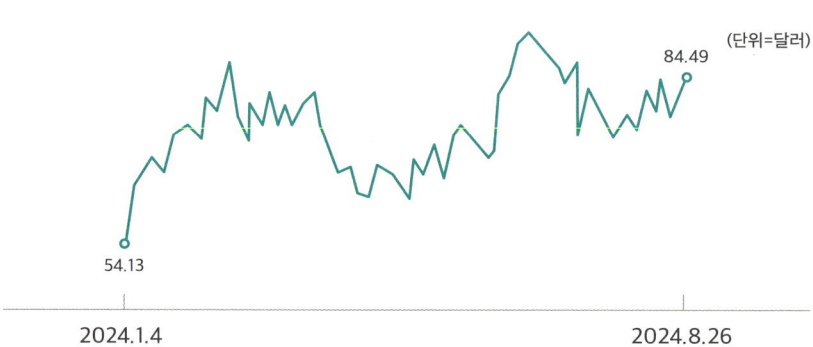

의 결과"로 진단했다. 그는 위기 이후 비핵심 사업 매각과 구조 조정을 추진했지만 잭 웰치 시대에 축적된 복잡한 사업 포트폴리오와 금융 의존성의 굴레를 벗어나지 못했다. 2017년 CEO로 취임한 존 플래너리 역시 대규모 구조 조정을 시도했으나 근본적인 체질 개선에는 실패했다. 그는 14개월 만에 경질되고 말았다. 결국 2018년 GE는 122년 만에 다우존스 산업평균지수에서 퇴출되는 굴욕을 맞았다. 이후 2018년 새 CEO로 취임한 래리 컬프는 과감한 탈복잡화 전략을 내세웠다. 그는 GE의 복잡성을 근본적으로 해소하기 위해 기업을 세 개의 독립 사업으로 분할하기로 결정했다. 그동안 GE가 하나의 거대 집합체로 존재하면서 생겼던 비효율과 느린 의사결정 구조를 해체하고 각 사업 부문이 독립적으로 빠르고 명확하게 움직일 수 있도록 한 것이다. 그 결과 2023년 1월 GE 헬스케어가 가장 먼저 독립 상장했다. 이어 2024년 4월에는 에너지 사업 부문인 GE 버노바도 분할 상장했다.

《CNN》은 이를 두고 "한때 미국 가정의 거의 모든 일을 담당하던 산업 아이콘 GE의 분할이 마침내 완료되었다"고 평가했다.

분할 이후 각 사업은 자신이 가장 잘할 수 있는 핵심 영역에 집중하며 효율성을 높이고 있다. GE 에어로스페이스는 항공 엔진 제조와 서비스에 집중해 강력한 성장세를 보였다. 2024년 주가는 75퍼센트 급등했다. GE 버노바는 신재생에너지와 전력 사업에 전념했으며 상장 후 주가가 50퍼센트 이상 상승했다. GE 헬스케어는 진단 이미징과 의료 기술 분야에서 독립적으로 성장 중이다. 이처럼 각 부문은 분할 이후 복잡한 내부 구조에서 벗어나, 독립적인 의사결정과 자원 집중을 통해 경쟁력을 빠르게 회복하고 있다.

2023년 GE의 주가는 95퍼센트 상승했다. 2024년에도 에어로스페이스 부문의 강세가 이어지며 전체 시장에서 높은 평가를 받고 있다. 분할 이후의 성과는 단순한 회계적 개선이 아니라 조직이 복잡성을 제거하고 본질에 집중했을 때 얻을 수 있는 구조적 회복력을 보여준다. 이들의 여정은 "성장은 복잡성을 낳고, 복잡성은 결국 성장을 제약한"는 경영의 역설을 입증한다.

140년 역사를 자랑하던 산업 제국 GE조차 복잡성의 함정에 빠져 몰락의 문턱에 섰지만 탈복잡화를 통해 다시 경쟁력을 되찾았다. 이 사례는 기업의 규모나 역사보다 중요한 것은 끊임없이 복잡성을 관리하고 핵심 역량에 집중하는 능력임을 보여준다.

애플*
잡스의 귀환

1997년 애플에서 물러난 지 12년 만에 복귀한 스티브 잡스는 파산 직전의 기업과 마주했다. 당시 애플은 운영 자금이 단 90일치밖에 남지 않은 절박한 상황이었다. 한때 혁신의 상징이던 회사는 비대한 제품 라인과 일련의 실패작들로 인해 정체성과 방향성을 잃고 있었다. 제품

---

* 1997년 잡스 복귀 당시 복잡성 위기에 처한 애플을 분석했다.

은 많았지만, 그중 어느 것도 시장에서 명확한 차별점을 갖지 못했다. 이러한 혼란은 내부 조직의 무기력으로 이어졌고, 애플은 창의성과 효율성 모두를 잃은 채 붕괴 직전에 놓여 있었다. 이러한 절망적인 상황에서 잡스는 즉각 탈복잡화 전략을 추진했다.

잡스가 복귀했을 당시 애플은 십여 종의 매킨토시 제품군을 비롯해 수많은 컴퓨터와 주변기기를 운영하고 있었다. 이름도, 용도도, 타깃도 제각각이었다. 소비자는 어떤 제품을 사야 할지 혼란스러워했고, 직원들조차 각 모델의 차이를 명확히 설명하지 못했다. 그 결과 생산 비용은 급증하고 재고는 쌓여만 갔다. 잡스는 이를 '제품 중심이 아닌 조

잡스의 2x2 매트릭스

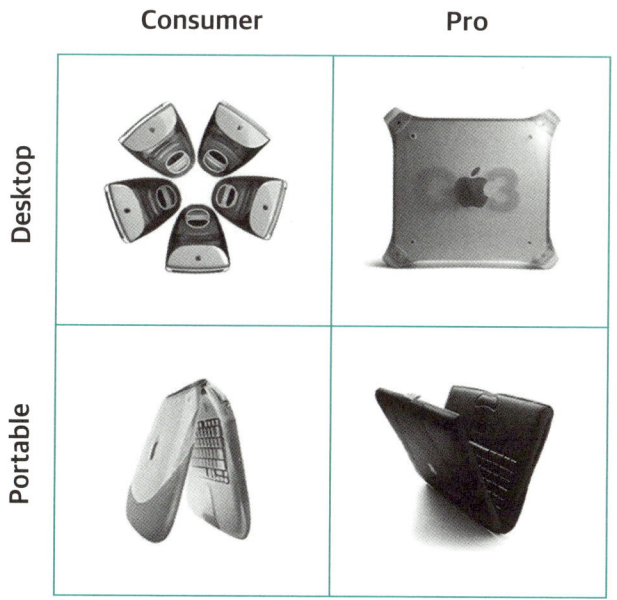

직 중심의 사고가 만든 복잡성'으로 진단했다.

그는 단호했다.

"우리가 집중하지 못하는 것은 곧 실패다."

잡스는 제품 라인을 전면 재편했다.

시장을 '소비자용'과 '전문가용'으로 나누고, 각각을 다시 '데스크톱'과 '노트북'으로 구분한 2x2 매트릭스를 설계했다. 그 결과 아이맥, 아이북, 파워 매킨토시, 파워북—단 네 가지 제품만 남기고 나머지는 모두 단종시켰다. 이 과감한 결단은 단순히 제품 수를 줄이는 수준이 아니라, 애플의 방향성을 명확히 정의하는 상징적 행위였다. 이 급진적 축소는 제품 개발과 생산의 복잡성을 획기적으로 줄였다. 무엇보다 한정된 자원을 핵심 제품에 집중할 수 있게 되었고 엔지니어와 디자이너들은 더 깊이 있는 혁신에 몰두할 수 있었다. 1998년 출시된 아이맥은 그 결과물이었다. 반투명한 컬러 디자인과 간결한 구조는 "컴퓨터가 다시 쿨해졌다"는 찬사를 받았다. 출시 첫해에만 80만 대가 판매되며 역사상 가장 빠르게 팔린 PC로 기록되었다. 이 제품은 애플을 단숨에 흑자로 전환시킨 결정적 계기이자, 브랜드 정체성을 되찾은 출발점이었다. 잡스의 단순화 철학은 제품에만 그치지 않았다.

그는 조직 운영 전반에도 같은 원칙을 적용했다.

불필요한 보고 체계와 중간 단계를 제거하고 작은 팀 단위로 빠른 의사결정을 내릴 수 있도록 했다. 그는 "소규모 팀이 자율적으로 일할 때 진짜 혁신이 나온다"고 믿었다. 이러한 문화는 이후 아이팟, 아이

스티브 잡스의 귀환은 역사적 사건으로 기록된다. 복잡성의 늪에 빠져 있던 당시 애플은 그의 리더십 아래 잇달아 인기 제품을 출시했다. 아이맥이 대표적이다.

폰, 아이패드로 이어지는 '혁신의 연속성'을 가능하게 했다. 각 프로젝트 팀은 기능보다 '사용자 경험'을 최우선 가치로 삼았고 잡스는 그들의 창의적 판단을 철저히 지원했다. 그는 "디자인은 단지 외형이 아니라, 작동 방식 그 자체"라고 강조하며 애플의 철학을 모든 제품에 스며들게 했다.

단순함을 중심에 둔 경영 방식은 곧 애플의 경쟁력이 되었다. 탈복잡화는 비용 절감 이상의 의미를 지녔다. 그것은 불필요한 요소를 제거함으로써 "무엇이 진짜 중요한가"를 끊임없이 묻는 과정이었다. 1998년 아이맥의 성공 이후, 2001년 아이팟, 2007년 아이폰, 2010년 아이패드가 잇따라 출시되며 애플은 혁신의 아이콘으로 자리 잡았다.

한때 파산 위기에 몰렸던 기업이 세계에서 가장 가치 있는 브랜드로 변모하기까지, 그 핵심에는 '복잡함을 버리는 용기'가 있었다. 스티브 잡스의 탈복잡화 전략은 단순함이야말로 가장 강력한 혁신의 형태임을 증명한 대표적 성공 사례로 남았다.

파네라 브레드
메뉴를 버리고 고객을 얻다

파네라 브레드Panera Bread는 1981년 미주리주의 작은 베이커리에서 출발했다. 본래 수프, 샐러드, 샌드위치 중심의 간결한 메뉴로 운영 효율성을 유지하는 기업이었던 이들은 2017년 독일계 사모펀드 JAB가 인수한 뒤 메뉴 확장을 시작했다. 2019년에는 그레인 보울과 플랫브레드 피자가 새로운 메뉴 카테고리로 도입되었다. 특히 피자 메뉴는 점심 중심 이미지를 벗어나 저녁 고객을 유치하려는 전략의 일환이었다. 하지만 소비자들은 여전히 파네라를 점심 브랜드로 인식했다. 새로운 메뉴 추가는 브랜드 정체성을 혼란스럽게 만들었고 운영상의 복잡성을 가져왔다. 파네라 직원들은 온라인 커뮤니티를 통해 늘어난 메뉴로 인한 업무 부담과 품질 관리의 어려움을 토로했다. 신선한 도우 제조 시설이 폐쇄되고 냉동 제품 비중이 늘어나면서 파네라 고유의 신선함도 위협받았다.

결국 브랜드 정체성을 되찾기 위한 결단이 필요했다.

파네라 브레드는 2024년 3월, 브랜드 역사상 최대 규모의 메뉴 혁

패스트 캐주얼 시장 경쟁 현황

체인명	2024년 미국 매출	전년 대비 매출 성장률	2024년 미국 매장 수	전년 대비 매장 증가율	2024년 매장당 평균 매출
치폴레 멕시칸 그릴 Chipotle Mexican Grill	112억 4,740만 달러	14.70%	3,644개	8.10%	321만 달러
판다 익스프레스 Panda Express	61억 9,900만 달러	5.30%	2,505개	4.00%	259만 달러
파네라 브레드 Panera Bread	61억 2,570만 달러	-5.10%	2,216개	1.70%	279만 달러
레이징 케인즈 Raising Cane's	49억 6,000만 달러	32.00%	828개	13.90%	656만 달러
윙스탑 Wingstop	43억 9,160만 달러	36.80%	2,204개	14.40%	214만 달러
저지 마이크스 섭스 Jersey Mike's Subs	37억 3,100만 달러	11.60%	2,997개	11.70%	133만 달러
지미 존스 Jimmy John's	25억 9,930만 달러	1.90%	2,689개	1.70%	98만 달러
잭스비스 Zaxby's	25억 5,210만 달러	3.10%	960개	2.00%	269만 달러
파이브 가이즈 Five Guys	22억 7,020만 달러	-0.70%	1,488개	2.40%	155만 달러
셰이크 쉑 Shake Shack	13억 400만 달러	15.50%	373개	11.70%	387만 달러

출처 테크노믹

신을 단행했다. 고객이 선호하는 수프, 샐러드, 샌드위치를 중심으로 포트폴리오를 재구성하고 비핵심 메뉴를 대폭 줄였다. 그 결과 전체 메뉴는 141개에서 89개로 37퍼센트 축소되어 52개 아이템이 제거되었다. 메뉴 간소화와 함께 고객 피드백을 반영한 새로운 메뉴도 도입했다. 블랙 포레스트 햄, 소프레사타, 프로볼로네를 넣은 '토스티드 이탈리아노', 로메인 레터스와 그릴드 치킨을 넣은 '사우스웨스트 치킨 랜치' 등 9개의 새로운 아이템과 기존 메뉴의 레시피 개선을 포함해 총 20개 메뉴를 업데이트했다. 이번 변화는 단순히 메뉴 수를 줄이는 것을 넘어서 운영 효율성을 높이는 전략이었다. 점심 앙트레는 42개에서 24개로, 재료는 220개에서 153개로, 카테고리는 다섯 개에서 세 개로 줄어들었다. 파네라 COO 데비 로버츠는 이를 "파네라의 새로운 시대"의 시작이며 회사가 "뿌리로 돌아가는" 과정이라고 설명했다.

메뉴 단순화는 조리 과정의 복잡성을 줄여 운영 효율성을 높였다. 파네라는 2014년부터 추진해온 '파네라 2.0' 이니셔티브의 연장선에서 모바일 앱과 키오스크 주문 시스템을 지속적으로 최적화했다. 그 결과 주문 실수는 20퍼센트 줄었고 키오스크를 이용한 고객의 재방문율은 12퍼센트 늘어났다. 그뿐만 아니라 디지털 매출은 28퍼센트 성장하여 전체 매출에서 큰 비중을 차지하게 되었다. 파네라는 이를 통해 수프·샐러드·샌드위치라는 핵심 영역으로 회귀하며 브랜드 정체성을 재정립할 수 있었다.

파네라 브레드는 미국과 캐나다 전역에 2천여 개 매장을 둔 대형 체인이지만, 여전히 '베이커리 카페'라는 초심을 지키며 신선한 재료로

건강한 메뉴를 제공한다. 2024년 파네라 브레드는 미국 내 패스트 캐주얼 시장에서 2위를 기록하고 있다.

*

이론은 충분하다. 이제는 실천할 때다. 다음 장에서는 당신의 조직이 복잡성의 어느 단계에 있는지 진단하고, 무엇부터 시작해야 하는지 구체적 로드맵을 소개하고자 한다.

10장

매뉴얼
지금 당장 시작하는 탈복잡화

행동은 모든 성공의 핵심이다.
| 파블로 피카소 |

리사 보델Lisa Bodell은 탈복잡화를 위한 '인식, 판단, 우선순위 설정, 실행, 습관화'의 다섯 단계를 제시했다. 그중 첫 번째 단계인 '정확한 인식'이 가장 중요하다. 정확히 인식하지 못한 복잡성은 해결되지 않기 때문이다. 복잡성 문제를 효과적으로 해결하기 위해서는 문제의 본질을 정확하게 파악하는 것이 필수적이다. 다음은 문제 해결을 위한 가장 기본적이면서도 효과적인 접근법이다.

- 문제를 정확히 진단한다.
- 해결책을 수립한다.

탈복잡화의 첫걸음은 정확한 진단이다. 의사가 환자를 치료하기 전에 먼저 진찰하듯, 조직의 복잡성 수준을 파악해야 적절한 처방을 내릴 수 있다. 세 가지 진단 도구를 통해 당신과 당신의 조직이 복잡성의 어느 단계에 있는지 확인하라.

개인 복잡성 진단

리사 보델은 조직의 복잡성을 두 차원에서 진단하는 '복잡성 지수 Complexity Index'를 개발했다. 첫째는 조직 구조와 시스템 차원의 복잡성이고, 둘째는 구성원 개인의 업무 수행 방식에서 비롯되는 복잡성이다. 여기서는 먼저 개인 차원의 복잡성을 다루고, 조직 차원은 뒤에서 살펴본다.

다음은 리사 모델의 개인 복잡성 진단 도구다.

당신은 복잡성을 만드는 데 어떻게 가담하고 있는가?[*]

번호	항목	전혀 그렇지 않다(0)	별로 그렇지 않다(1)	가끔 그렇다(2)	항상 그렇다(3)	점수
1	한 문단 이상으로 길거나 읽는 데 시간이 오래 걸리는 이메일을 자주 보낸다.	☐	☐	☐	☐	
2	세 명 이상을 참조CC 또는 숨은참조BCC에 포함한 이메일을 보낸다.	☐	☐	☐	☐	
3	이메일 수신자에게 24시간 이내 또는 다음 근무일까지 답변을 요구한다.	☐	☐	☐	☐	

---

[*] 조직 내 개인이 유발하는 복잡성을 진단하기 위해 리사 보델의 '개인 복잡성 성향' 개념을 기반으로 진단 도구를 재구성했다.

4	서면이나 구두 소통에서 불필요한 전문 용어나 약어를 사용한다.	☐	☐	☐	☐	
5	부하 직원의 의사결정 과정에 상사를 반드시 포함하도록 요구한다.	☐	☐	☐	☐	
6	모든 의사결정을 여러 사람이 함께 내린다.	☐	☐	☐	☐	
7	목표가 불명확하고 담당자가 정해지지 않은 업무를 부하 직원에게 맡긴다.	☐	☐	☐	☐	
8	직원이 공식 프로세스를 예외 없이 따르기를 기대한다.	☐	☐	☐	☐	
9	제품·프로젝트·개발 업무에 새로운 일을 계속 추가하지만 줄이는 경우는 드물다.	☐	☐	☐	☐	
10	팀에서 발생하는 모든 비용, 소통, 계약 관련 문서를 결재한다.	☐	☐	☐	☐	
11	팀원과 일주일에 여러 차례 정기 회의를 한다.	☐	☐	☐	☐	
12	명확한 안건 없이 회의를 진행한다.	☐	☐	☐	☐	
13	과도하게 상세하고 장황한 발표 자료를 사용한다.	☐	☐	☐	☐	
14	부하 직원이 작성한 보고서나 발표 자료에 피드백을 주지 않는다.	☐	☐	☐	☐	
15	여러 부하 직원에게 동일한 보고서를 중복으로 작성하도록 지시한다.	☐	☐	☐	☐	

총점이 15점 이하라면 복잡성 성향이 낮은 편이다. 16점 이상 30점 이하는 일정 수준의 복잡성 성향이 존재한다는 의미다. 30점을 초과하면 조직에 부정적 영향을 미칠 정도로 복잡성 성향이 높다고 볼 수 있다. 총점이 16점 이상인 구성원은 조직 발전과 개인 성장을 위해 반드시 탈복잡화를 실천해야 한다.

조직 복잡성 진단

조직의 복잡성을 정확히 측정하기 위해서는 세 가지 진단 도구를 활용할 수 있다. 각 도구는 목적과 상황에 따라 선택적으로 사용할 수 있다.

론 애시케나스Ron Ashkenas가 제안한 복잡성 지수는 간단하면서도 빠른 진단 도구다. 조직, 제품, 프로세스, 전략이라는 네 가지 핵심 영역을 15개 문항으로 진단할 수 있다. 또한 일부 문항이 적용되지 않는 현실적 상황을 고려해 조정 점수 방식으로 활용할 수 있다. 각 조직의 맥락에 맞게 유연하게 적용할 수 있다는 점에서 초기 진단에 특히 유용하다. 애시케나스의 복잡성 지수는 본래 서구 기업 환경을 기준으로 개발되었기 때문에 문화적 특성이 다른 한국 기업에는 일부 문항이 완전히 들어 맞지 않을 수 있다. 이때는 해당 조직에 맞지 않는 문항을 제외하고 나머지 문항의 총합으로 복잡성 수준을 평가한다.

론 애시케나스의 조직 복잡성 진단

1. 주요 사업 단위, 기능 조직, 지리적 위치를 포함한 조직 구조도를 얼마나 쉽게 그릴 수 있는가?
   A. 단순하고 간단하게 그릴 수 있다
   B. 약간의 설명을 덧붙여 그릴 수 있다
   C. 컴퓨터 디자인 프로그램의 도움이 필요하다

2. 최고경영자와 일선 직원 사이에는 몇 개의 직급이 있는가?
   A. 7개 이하   B. 8~10개   C. 11개 이상

3. 중요한 경영상의 결정을 내리거나 검토하는 위원회나 협의회는 몇 개나 있는가?
   A. 5개 이하   B. 6~10개   C. 10개 이상

4. 현재 몇 개의 제품과 서비스를 제공하고 있는가?
   A. 관리 가능한 수준이다
   B. 필요한 수준을 다소 초과한다
   C. 과도하게 많이 제공한다

5. 수익성을 해치지 않고 제품이나 서비스를 합리화하려면, 최소 유지 상품 단위를 몇 개나 줄여야 하는가?
   A. 몇 개인지 셀 수 있는 정도다
   B. 약 15%
   C. 약 25%

6. 다음 회계연도의 예산 계획 수립에 어느 정도의 시간이 소요되는가?
   A. 2개월 미만   B. 2~4개월 정도   C. 4개월 이상

7. 재무 부서가 각 보고 기간까지 회계 장부를 공식적으로 정리하는 데 걸리는 시간은?
   A. 1주일 내   B. 1~3주   C. 3주 이상

8. 임원급 후보자가 고용 제안을 받기 전에 조직 내에서 만나야 할 사람은 몇 명인가?
   A. 2~3명   B. 4~8명   C. 거의 모든 사람

9. 회사의 전략을 분명하고 정확하게 설명할 수 있는 직원은 어느 정도인가?
A. 전 직원이 가능하다   B. 상당수가 가능하다   C. 다수가 설명하지 못한다

10. 새 제품이나 새로운 기능을 도입할 때 기존 제품이나 기능의 철수는 어느 정도까지 하나?
A. 매번 정기적으로 한다
B. 가끔 한다
C. 거의 해본 적이 없다

11. 고위 관리자가 회의에 사용하는 시간은 어느 정도인가?
A. 업무 시간의 25% 미만
B. 업무 시간의 50% 정도
C. 업무 시간 대부분

12. 생산성 향상을 위해 본인에게 조직을 재정비할 수 있는 권한이 주어진다면, 현재 상황과 비교하여 꼭 필요한 최소한의 인력은 어느 정도인가?
A. 현재 직원 전부
B. 현재 직원의 85% 정도
C. 현재 직원의 75% 이하

13. 설비 투자나 정책 변경을 위해 승인을 받아야 할 때 실행 방법을 분명히 파악하고 있는가?
A. 실행 방법을 분명히 알고 있다
B. 실행 방법에 대해 어느 정도 알고 있다
C. 실행 방법에 대해 확신이 없다

14. 기능 조직이나 부서 간, 혹은 고객과의 분쟁이 발생했을 때 해결까지 걸리는 시간은?
A. 즉시 해결된다
B. 1주 이내 해결된다
C. 상당히 오래 걸린다

15. 회사에 불필요한 복잡성이 제거된다면, 생산성이 얼마나 증가할 수 있겠는가?
A. 전혀 증가하지 않는다
B. 일부 증가한다
C. 상당한 수준으로 증가한다

15개 문항을 모두 적용했을 때 기준은 이렇다.

총점이 15점에서 25점 사이라면 정상 수준의 복잡성이다. 26점에서 35점 사이는 복잡성 증가 단계로 볼 수 있다. 36점에서 45점 사이라면 과잉 복잡성 단계에 진입한 것이다.

만약 일부 문항을 제외하고 진단했다면, 기준 점수를 '적용 문항 수 ÷15'의 비율로 조정해야 한다. 예를 들어 전체 15개 문항을 모두 적용한 결과가 35점이라면 '복잡성 증가 단계'다. 그러나 14개 문항만 적용했을 때 35점이 나왔다면, 조정 비율(14÷15=0.93)을 적용하면 원래 기준의 약 93퍼센트 지점에 해당한다. 즉 복잡성 증가 단계(26~35점)의 상한선인 35점×0.93≒33점 기준으로 보면, 35점은 이미 '과잉 복잡성 단계'에 진입한 것으로 평가된다. 이 경우 조직 전반에 걸쳐 긴급하고 적극적인 탈복잡화 전략 추진이 요구된다.

반면 리사 보델이 제시한 조직 복잡성 진단은 비전·소통, 조직 구조, 인사, 전략, 법무, 운영, 제품·서비스 등 7개 영역으로 구성되어 있다. 각 항목은 0점에서 3점까지 점수를 부여하며, 총점을 통해 복잡성 수준을 측정한다. 점수가 높을수록 복잡성이 누적되어 있다는 경고 신호다. 이는 단순화 여지가 있는 수준인지, 아니면 조직 전체가 마비 상태에 이르렀는지를 수치로 확인할 수 있게 한다.

평가 기준은 다음과 같다. '항상 그렇다'는 0점, '가끔 그렇다'는 1점, '별로 그렇지 않다'는 2점, '전혀 그렇지 않다'는 3점이다. 각 문항에 답한 뒤 총점을 합산하면 조직의 복잡성 수준을 파악할 수 있을 것이다.

리사 모델의 조직 복잡성 판단

번호	진단 문항	0	1	2	3
1	단순화에 대한 논의가 진행되고 있으며 직원이 단순화를 기대한다	☐	☐	☐	☐
2	직원은 회사의 비전과 가치를 이해한다	☐	☐	☐	☐
3	리더의 메시지는 분명하고 진정성이 있다	☐	☐	☐	☐
4	관리자의 메시지는 최고경영진의 메시지와 일관성이 있다	☐	☐	☐	☐
5	나는 단순화가 우리 회사의 핵심 운영 원칙이라고 믿는다	☐	☐	☐	☐
6	나는 팀 멤버에게 단순화를 염두에 두라고 독려한다	☐	☐	☐	☐

비전/소통 소계: ____ /18점

번호	진단 문항	0	1	2	3
1	우리 조직 구조는 이해하기 쉬우며, 사업부 간 연관성이 명확하다	☐	☐	☐	☐
2	우리 보고 체계는 신속한 의사결정과 승인에 도움이 된다	☐	☐	☐	☐
3	조직 내 여러 사업부 간 협업은 생산적이다	☐	☐	☐	☐
4	내가 속한 사업부에는 중복되는 기능이 없다	☐	☐	☐	☐

조직 구조 소계: ____ /12점

번호	진단 문항	0	1	2	3
1	나와 동료의 직무를 한두 문장으로 쉽게 설명할 수 있다	☐	☐	☐	☐
2	직원 채용 시 과도한 승인 절차가 필요하지 않다	☐	☐	☐	☐
3	회사가 단순화를 위해 노력한 직원에게 보상한다고 믿는다	☐	☐	☐	☐
4	인사고과가 간단하다	☐	☐	☐	☐
5	인사고과가 의미 있으며, 성과 향상에 도움이 된다	☐	☐	☐	☐

인사 소계: ____ /18점

번호	진단 문항	0	1	2	3
1	한 분기 이내에 차기 연도 예산 계획을 완료한다	☐	☐	☐	☐
2	예산 대비 비용 집행을 실시간으로 추적하고 조정할 수 있다	☐	☐	☐	☐
3	전략 계획을 실제 운영 계획과 직접 연결시킨다	☐	☐	☐	☐
4	균형성과표[BSC] 등의 평가 시스템을 활용한다	☐	☐	☐	☐
5	단순화 노력이 분명한 측정 기준에 따라 평가받는다	☐	☐	☐	☐

전략/기획 소계: ____ /15점

번호	진단 문항	0	1	2	3
1	법무 부서는 나와 내 팀의 업무에 도움이 된다	☐	☐	☐	☐
2	회사의 계약서는 이해하기 쉽다	☐	☐	☐	☐
3	회사의 계약서는 길이가 적절하다	☐	☐	☐	☐
4	법무 부서는 문서 수정의 융통성을 부여한다	☐	☐	☐	☐
5	법무 부서는 문서 검토 기한을 지킨다	☐	☐	☐	☐

법무 소계: ____ /15점

번호	진단 문항	0	1	2	3
1	직무 수행 능력이 업무 규칙으로 인해 저하되지 않는다	☐	☐	☐	☐
2	중복되거나 불필요한 정책을 적극적으로 제거한다	☐	☐	☐	☐
3	비용 결재 단계가 합리적이다	☐	☐	☐	☐
4	승인받은 사안에 대해 다시 결재를 요청할 필요가 없다	☐	☐	☐	☐
5	의사결정 프로세스가 확실하고 신속하다	☐	☐	☐	☐
6	업무 처리 시 필요한 정보나 지원을 받는 방법을 안다	☐	☐	☐	☐
7	기술 지원 프로세스가 쉽고 명확하며 효과적이다	☐	☐	☐	☐
8	보고서, 계약서, 프로세스를 표준화하라고 독려한다	☐	☐	☐	☐
9	관리하는 공급업체의 수가 적절하다	☐	☐	☐	☐
10	고객 불만사항이 적절한 시간 내에 해결된다	☐	☐	☐	☐

운영/관리 소계: ____ /30점

번호	진단 문항	0	1	2	3
1	제품 개발 부서가 단순화를 염두에 두고 프로젝트를 수행한다	☐	☐	☐	☐
2	제품 개발 과정에서 고객의 입장을 최우선으로 반영한다	☐	☐	☐	☐
3	효과가 불투명하거나 목표와 무관한 프로젝트는 폐기한다	☐	☐	☐	☐
4	제공하는 제품이나 서비스의 수가 적절하다	☐	☐	☐	☐
5	성과를 내지 못하는 제품과 서비스는 제거한다	☐	☐	☐	☐
6	직원이 신제품/서비스에 대해 의견을 제시할 수 있다	☐	☐	☐	☐
7	제품 개발 방향을 분명히 밝힌다	☐	☐	☐	☐

제품/서비스 소계: ____ /21점

영역	만점	점수
비전/소통	18	
조직 구조	12	
인사	15	
전략/기획	15	
법무	15	
운영/관리	30	
제품/서비스	21	
총점	126	

총점 1점에서 20점 사이라면 단순화 여지가 존재한다. 조직은 비교적 건강하나 개선 가능한 영역이 있다는 의미다. 21점에서 50점 사이는 복잡한 상태다. 하나 이상의 영역에서 병목 현상이 존재하며 즉각적인 개선이 필요하다. 51점에서 70점 사이는 매우 복잡한 단계다. 경영진과 관리층이 현실에 안주하고 있으며 핵심 가치를 희생하고 있다. 71점 이상이라면 조직이 극도로 복잡한 상태다. 조직이 사실상 마비된 상태로, 전면적인 구조 개편이 시급하다.

이러한 진단을 통해 조직은 복잡성 수준과 주요 발생 영역을 명확히 파악할 수 있으며, 이를 바탕으로 체계적이고 효과적인 복잡성 감소 전략을 수립할 수 있다.

정량 측정
존 마리오티의 복잡성 계수

조직의 물리적 구조와 복잡성의 상관관계를 수치로 보여주는 지표로는 존 마리오티 John Mariotti가 제안한 '복잡성 계수'가 있다.

복잡성 계수=완제품 종류 수×영업 중인 시장 수×회사 산하 법인 수×일정 규모 이상의 사업장 수×(직원 수+협력업체 수+고객 수)÷연간 매출액

복잡성 계수 구간 해석

계수 범위	해석	조치
1.0 미만	복잡성 문제가 크지 않으며 관리 가능한 수준	현 수준 유지, 주기적 점검
1.0 ~ 50	복잡성 문제가 누적될 가능성, 주의와 지속적 관리 필요	관리 체계 강화, 부분적 단순화 조치
50 초과	복잡성 문제가 심각, 조직 전반이 위험 상태	즉각적 개선 및 탈복잡화 전략 실행 필수

복잡성 계수는 기업의 완제품 종류, 시장 수, 법인 수, 사업장 수, 직원 수, 협력업체 수, 고객 수 등을 곱한 값을 연간 매출액으로 나눈 지표다. 개인이 정기적으로 혈압을 측정해 건강을 확인하듯, 조직도 이

지표를 통해 복잡성 누적 정도를 주기적으로 점검할 수 있다. 계수가 1.0 미만이면 관리 가능한 수준이지만, 50을 초과하면 조직 전체가 심각한 복잡성 문제에 직면해 있다는 신호로 해석된다.

진단 결과를 확인했다면 이제 구체적 실천 방법을 살펴볼 차례다. 탈복잡화는 거창한 프로젝트가 아니라 개인의 작은 변화에서 시작해 조직 전체로 확산하는 과정이다.

탈복잡화의 실천

전설적인 복서 마이크 타이슨 Mike Tyson 은 "모든 사람은 맞기 전까지는 계획이 있다 Everyone has a plan until they get punched in the mouth"라고 말했다. 많은 조직은 위기를 맞고서야 문제의 본질을 깨닫는다. 삼성전자 사례를 보자. 전문가들은 리더십, 조직 문화, 혁신 전략, 주 52시간제 등 개별 이슈만 지적한다.

그러나 근본 원인은 '복잡성'이다.

2023년 영업이익이 85퍼센트 감소한 것도 복잡성이 누적된 결과다. 개별 증상 개선만으로는 한계가 있다.

마하트마 간디는 "세상의 변화를 원한다면, 당신 자신부터 변화하라"고 말했다. 이는 단순한 이상주의가 아니다. 우리의 삶, 조직, 사회는 결국 개인의 선택과 행동으로 이루어진다.

우리 대부분은 단순함의 가치를 알면서도 실천하지 못한다.

왜 단순하게 사는 것은 이토록 어려운가?

인간은 본능적으로 사물을 단순화하기보다는 복잡하게 만드는 성향을 지니고 있기 때문이다. 물론 오랜 습관을 바꾸는 일은 쉽지 않다. 스티브 잡스는 간디의 철학을 실제 삶에 적용한 대표적 인물이었다. 그는 매일 같은 옷을 입어 아침의 결정 피로를 줄였고, 아낀 에너지를 제품 혁신과 창조적 사고에 집중했다. 탈복잡화는 삶을 축소하는 것이 아니라 중요한 것에 더 많은 자원을 집중하게 한다. 단순화된 삶은 에너지를 분산시키지 않고 갈등과 오해를 줄이며, 핵심적인 일에 몰입할 수 있게 한다. 도널드 설과 캐슬린 아이젠하트는 《심플 룰》에서 단순한 규칙을 만드는 3단계를 제시했다.

1단계는 삶의 계기판을 움직이는 핵심 요소 찾기다. 개인의 삶에서 핵심적으로 작용하는 요소를 규정해야 한다. 다음 질문으로 중요한 영역을 파악한다.

- 삶에서 가장 개선하고 싶은 세 가지 영역은 무엇인가?
- 어떤 활동을 할 때 가장 행복하거나 편안한가?
- 이 활동에 더 많은 시간을 투자하려면 어떻게 해야 하는가?
- 어떤 상황에서 두려움이나 스트레스를 자주 느끼는가?
- 이를 해소하거나 완화할 방법은 무엇인가?
- 지난 5년간의 삶을 되돌아봤을 때 가장 후회되는 영역은 무엇인가?

- 삶의 마지막 순간에 어떤 영역을 후회할 가능성이 높은가?

자신을 잘 아는 사람이라면 위 질문에 어떻게 답할지 상상해보라. 이 질문을 통해 중요하게 생각하는 핵심 영역 세 가지에서 다섯 가지를 선정하고, 이 영역에 단순화 전략을 적용한다.

2단계는 가치 창출을 방해하는 병목 지점 파악하기다. 가치 창출을 방해하는 병목 지점을 찾는다. 단순화 효과가 큰 반복적 행동이나 상황을 파악한다. 이렇게 질문해볼 수 있을 것이다.

- 이 행동이나 결정을 자주 반복하는가?
- 사용할 수 있는 자원에 비해 선택지가 지나치게 많은가?
- 이 행동이나 판단에 많은 의지력이나 집중력이 요구되는가?
- 이 행동이나 판단은 얼마나 많은 융통성이 있어야 하는가?
- 단순화 규칙 적용 후 효과를 측정하고 개선할 수 있는가?

이 질문으로 단순화가 필요한 병목지점을 규정하고 개선 규칙을 수립한다.

3단계는 자신에게 최적화된 단순화 규칙 만들기다. 단순화 규칙에 완벽한 공식은 없다. 과학적 연구, 롤모델의 행동 패턴, 개인 경험에서 얻은 교훈을 활용해 자신에게 맞는 규칙을 만든다. 이런 통찰로 규칙 초안을 만들고 효과를 모니터링하며 개선한다. 생활의 질을 높이려면 규칙의 효과를 평가하고 조정해야 한다.

필자는 학문적 성과를 구글 스칼라 인용지수로 평가하며 매년 증가를 목표로 한다. 저녁 약속은 오후 6시 이전, 취침은 오후 10시, 기상은 오전 6시로 정했다. 하루 집중 업무는 네 시간으로 제한해 집중도를 높인다. 이 규칙은 스티브 잡스의 사례와 집중력에 관한 심리학적 연구에서 영감받아 나에게 맞게 조정한 것이다. 그 결과 더 많은 시간과 에너지를 본질적인 일에 쓸 수 있게 되었고, 삶은 이전보다 훨씬 더 명료해졌다. 개인이 조직 안에서 실천할 수 있는 탈복잡화 전략은 명확하다. 모든 업무에 우선순위를 정하고 핵심 업무에 집중한다. 회의는 최소화하고 필요한 사람만 초대하며 시간을 짧게 제한한다. 이메일과 발표 자료는 간결하게 작성한다. 핵심 메시지는 명확하게 전달한다. 보고 절차를 간소화하고 형식보다 내용을 중시한다. 이처럼 '줄이는 선택'을 의식적으로 반복할 때 조직은 효율성과 명료함을 회복한다.

개인 차원의 탈복잡화 실천이 확산되면 조직 문화의 변화로 이어진다. 작은 규칙 하나가 한 사람의 행동을 바꾸고, 그 행동이 팀의 방식에 영향을 주며, 전체의 습관과 성과를 바꾼다.

"모두가 승리할 수 없다면, 아무도 승리하지 못한다."

오션 스프레이의 CEO 랜디 파퍼델리스의 이 말은 협업과 공존을 전제로 하는 조직 운영의 핵심 원리를 명확히 보여준다. 앞에서 언급했듯 조직 내 단 한 명의 구성원이라도 복잡성에 묶여 있다면, 그 복잡성은 점차 퍼져나가 조직 전체의 효율과 성과를 위협하게 된다.

조직에서 일어나는 탈복잡화는 단순한 구조 조정이나 업무 감축과는 다르다. 시스템 이론의 엔트로피 개념처럼, 조직 내부의 무질서를 제거하고 질서를 회복하는 과정이다.

조직은 이 과정을 통해 효율성, 효과성, 적응력이라는 세 가지 경쟁력을 되찾게 된다.

리사 보델은 단순화를 '가능한 최소화', '명확한 이해 가능성', '반복 가능성', '접근 용이성'이라는 네 가지 기준으로 설명한다. 즉 단순한 구조란 불필요한 절차를 없애고 누구나 이해할 수 있으며, 쉽게 반복할 수 있고 모든 구성원이 손쉽게 접근할 수 있는 구조다. 이 네 가지 조건이 충족될 때, 단순화는 그저 '일을 줄이는 것'이 아니라 조직의 역량을 본질에 집중시키는 전략적 수단이 된다. 단순화를 일회성 프로젝트가 아닌 조직 문화로 정착시키기 위해서는 단계적인 실천 과정이 필요하다.

리사 보델은 이를 위해 다섯 가지 단계—인식, 판단, 우선순위 설정, 실행, 습관화—를 제안했다. 첫 단계 인식은 현재 조직이 어떤 복잡성에 직면해 있는지, 어떤 영역이 혼란을 유발하는지를 명확히 파악해야 한다. 이어서 판단 단계에서는 구성원이 좌절을 경험하는 업무를 찾아내고, 이를 단순화 대상 후보군으로 선정한다.

이때 다음 다섯 가지 질문으로 단순화 대상을 파악할 수 있다.

첫째, 이 업무가 가치를 창출하는가?
둘째, 최소화할 요소가 있는가?
셋째, 누구나 이해 가능한가?
넷째, 반복 수행 가능한가?

다섯째, 쉽게 접근 가능한가?

　우선순위를 설정하는 세 번째 단계에서는 가장 큰 효과를 낼 수 있는 단순화 대상을 선정하고, 이를 중심으로 실행 계획을 세운다. 네 번째 단계에서는 그 실행을 실제로 밀어붙이게 된다. 이때 조직의 리더십과 구성원의 협력이 절대적으로 요구된다. 마지막 단계인 습관화는 단순화가 조직의 일시적 조치가 아닌 일상적인 업무 기준으로 자리 잡는 것을 의미한다.

*

　성공적인 탈복잡화를 위해서는 전략적 접근이 필요하다.
　탈복잡화의 필요성을 개인만 인식해서는 안 된다. 조직과 동료가 복잡성이 초래하는 문제를 함께 공감하고 이해해야 한다. 탈복잡화는 공동의 목표가 될 때 효과적으로 작동한다.
　모든 것을 한 번에 바꾸려는 과욕은 경계해야 한다. 변화는 작은 것에서 시작된다. 가시적 성과를 낼 수 있는 실천 하나를 정하고, 그것을 일관되게 반복하는 것이 중요하다.
　'체계화'와 '단순화'를 혼동하지 말아야 한다. 지나친 체계화는 오히려 복잡성을 증폭시킨다. 규칙을 만들기 전에 그 필요성을 되묻는 태도가 필요하다. 또한 '개선'과 '단순화'는 다른 개념이다. 개선이 일을 추가하는 것이라면 단순화는 불필요한 요소를 제거하는 것이다.
　결국 조직의 탈복잡화는 경영진의 철학과 결단에서 시작된다.

리더는 조직 구성원이 본질적인 일에 집중할 수 있도록 업무 환경을 설계해야 하며, 단순화는 현대 경영자에게 있어 선택이 아닌 필수 책무가 되었다. 하지만 여전히 많은 리더가 단순화를 주저한다. 그것은 실패에 대한 두려움, 위험 회피 심리, 기존 구조에 대한 집착 때문이다.

그러나 지금이야말로 결단의 시점이다.

덜어냄으로써 더 많은 것을 얻는 삶, 그것이 탈복잡화가 우리에게 주는 진짜 가치다.

감사의 말

복잡성을 주제로 연구한 지 10년이 넘었다. 그동안 여러 번 확신이 흔들리기도 했지만 이 책을 준비하면서 많은 분의 도움과 응원을 통해 의지를 다잡을 수 있었다. 연세대학교 전윤하 학생과 전희망 학생, 그리고 2025년 봄학기 '단순화 전략' 수업을 함께한 학생들이 신선한 시각으로 원고를 꼼꼼히 읽어주었다. 산업공학적 관점에서 날카로운 비판을 제공해주신 김훈태 교수님과 민대기 교수님께 깊은 감사를 표한다. 백패킹과 트레킹을 통해 힘이 되어준 친구들과 언제나 너그러운 가족에게도 진심으로 감사드린다. 그리고 무엇보다 지금도 자식을 걱정해주시는 아버지께 이 책을 바친다.

첫 책에서 "더 나은 사회를 위해 복잡성과의 전쟁을 계속하겠다"고 한 약속을 온전히 지키지 못한 아쉬움이 크다. 지천명知天命을 지나 이순耳順을 바라보는 나이에 이르렀고, 교수 생활도 10여 년밖에 남지 않았다. 나아갈 길의 끝은 명확하지 않지만, 이 책이 우리 사회가 복잡성을 고민하고 극복하는 데 조금이나마 기여하기를 바란다.

참고문헌

1부 파멸의 고리, 조직을 죽이는 복잡성
1장 | 도입 | 복잡성 시대의 도래
- Alfred D. Chandler Jr., 《Scale and Scope: The Dynamics of Industrial Capitalism(규모와 범위: 산업 자본주의의 역동성)》, Harvard University Press, 1990.
- 제레미 리프킨, 《회복력 시대》, 민음사, 2022.
- 짐 해킷, "복잡성의 비용은 잘 보이지 않습니다", 《Harvard Business Review》, 2019년 1~2월호.
- 스티븐 윌슨·안드레이 페루말, 《복잡성과의 전쟁》. W미디어, 2013.
- Library of Congress Research Guides, "This Month in Business History: October (Ford)", 《Library of Congress Research Guides》, https://guides.loc.gov/this-month-in-business-history/October/Ford.
- P.H. Fan, "Applying six sigma to improve the defect rate of electronic components: a six sigma case study", South African Journal of Industrial Engineering, Vol.35, No.1, 2024.
- 김유선, "한국의 노동시간 실태와 단축 방안-2030년 OECD 평균 달성을 향하여-", 《한국노동사회연구소 이슈페이퍼》 제211호(2025-07호), 한국노동사회연구소, 2025, 1~26쪽.
- 통계청, "2024년 출생·사망통계(잠정)", 《대한민국 정책브리핑》, https://www.korea.kr/news/policyNewsView.do?newsId=156676180, (게시일 2025.02.25).
- Yves L. Doz, "Strategic Decisions Caused Nokia's Failure", 《INSEAD Knowledge》, https://knowledge.insead.edu/strategy/strategic-decisions-

- caused-nokias-failure, (게시일 2017.11.23).
- IMD, "Digital Transformation at GE: Shifting Minds for Agility", 《IMD Business School》, https://www.imd.org/research-knowledge/strategy/case-studies/digital-transformation-at-ge-shifting-minds-for-agility/, (게시일 2019.04.16).
- Kim Pyeonghwa, "SK Hynix Strengthens Alliance with NVIDIA... Enhancing Dominance of HBM4", 《The Asia Business Daily》, 2024.06.19.
- StatMuse Money, "Microsoft Stock Price From 2014 To 2024", 《StatMuse Money》, www.statmuse.com/money/ask/microsoft-stock-price-from-2014-to-2024.
- 이우진, "토스(Toss), 금융혁신에서 조직혁신으로 - 비바리퍼블리카", 《AER지식연구소》, 2025.
- Louis Brennan, "How Netflix Expanded to 190 Countries in 7 Years", 《Harvard Business Review》, 2018.10.12.
- 전병역, "김우중의 신화 대우그룹 해체 20년 뒤…각자도생 어떻게", 《경향신문》, 2019.12.10.
- 노정동, "'이것' 향한 집착이 독 됐다…LG폰 은퇴 부른 결정적 세 장면", 《한국경제》, 2021.07.31.
- Julian Gary, "General Electric's Break Up and The Decline of the Conglomerate Model", 《The Econ Review》, 2022.01.05.
- 서영민, "'갤럭시S24 울트라에 삼성의 '잃어버린 10년'이 보인다", 《KBS 뉴스》, 2024.03.15.
- BATTERY INSIDE, "LG에너지솔루션 AI로 배터리 설계 하루만에 뚝딱, 최적 배터리 설계 기간 '2주' → '1일' 혁신적 단축", 《BATTERY INSIDE》, 2024.07.14.
- Hormaz Fatakia, "Meta's Megamorphosis: How a stock that fell 65% in 2022 recovered 150% in 6 months", 《CNBC TV18》, 2023.04.28.
- Jonathan Vanian·Ari Levy, "Meta lost $13.7 billion on Reality Labs in 2022 as Zuckerberg's metaverse bet gets pricier", 《CNBC》, 2023.02.01.
- Tobias Martin, "What is Cost of Complexity? - And How to Calculate it," 《Modular Management》, https://www.modularmanagement.com/blog/what-is-cost-of-complexity

2장 | 파멸의 고리 | 붕괴 시나리오

- "미국 소비자 버거 체인 선호도 조사", 《마켓포스》, 2021.
- "Costco (COST) Q2 2025 earnings: What to expect", 《CNBC》, 2025.03.06.
- Elizabeth T. O'Brien, "Why Kirkland Signature Products Are So Much Cheaper", 《Mashed》, 2025.03.24.
- John Kell, "Procter&Gamble plans to shed up to 100 brands", 《Fortune》, 2014.08.01.

2부 생사의 갈림길, 기업의 운명을 가른 선택
3장 | 승리 | 복잡성을 다스린 챔피언들

- Beth McKenna, "Costco Sales Topped $250 Billion in Fiscal 2024, But Less Than 2% of Those Sales Are Key to Understanding the Company's Success", 《Nasdaq》, https://www.nasdaq.com/articles/costco-sales-topped-250-billion-fiscal-2024-less-2-those-sales-are-key-understanding, (게시일 2024.09.23).
- Institute for Business in Global Society, "Costco and other retailers prove a 'good jobs' strategy works", 《Harvard Business School》, 2024.09.23.
- Costco Wholesale Corporation, "Costco Wholesale Corporation Reports Second Quarter and Year-To-Date Operating Results For Fiscal 2025 and February Sales Results", 《Costco Wholesale Corporation》, https://investor.costco.com/news/news-details/2025/Costco-Wholesale-Corporation-Reports-Second-Quarter-and-Year-To-Date-Operating-Results-For-Fiscal-2025-and-February-Sales-Results/default.aspx, (게시일 2025.03.06).
- 조은진, "BBQ 교촌 bhc, 치킨 프랜차이즈시장에서 엎치락뒤치락", 《비즈니스포스트》, 2016.03.04.
- 김다이, "빠르게 변하는 '치킨 트렌드'..신메뉴 '유행과 모험' 사이", 《브레이크뉴스》, 2019.02.21.
- CNBC, "Costco (COST) Q2 2025 earnings: What to expect", 《CNBC》, 2025.03.06.
- Elizabeth T. O'Brien, "Why Kirkland Signature Products Are So Much

- Cheaper", 《Mashed》, 2025.03.24.
- Beth McKenna, "Costco Sales Topped $250 Billion in Fiscal 2024, But Less Than 2% of Those Sales Are Key to Understanding the Company's Success", 《Nasdaq》, 2024.09.23.
- Cindy Perman, "Costco and other retailers prove a 'good jobs' strategy works", 《Harvard Business School》, 2024.12.03.
- Costco Wholesale Corporation, "Costco Wholesale Corporation Reports Second Quarter and Year-To-Date Operating Results For Fiscal 2025 and February Sales Results", 《GLOBE NEWSWIRE》, 2025.03.06.
- Jonathan Blake, "House of Cards gets first online-only Emmys nominations", 《BBC News》, 2013.07.19.
- Ray Hennessey, "Netflix's 'House of Cards' Gets Emmy Nod as TV Moves Online", 《NBC News》, 2013.07.21.
- Lucas Manfredi, "Netflix's $18 Billion in Content Spend for 2025 'Not Anywhere Near a Ceiling,' CFO Says", 《IMDb》, 2025.03.06.
- Joe Reedy, "Netflix averages more than 30 million viewers globally for its NFL Christmas Day doubleheader", 《Yahoo Sports》, 2025.01.01.
- Andrei Remetean, "Netflix and the Keeper Test", 《Enlivy》, 2024.01.15.
- Niamh Carroll, "Netflix on encouraging 'honourable' failure to drive innovation in market research", 《Marketing Week》, 2023.03.14.
- Patty McCord, "How Netflix Reinvented HR", 《Harvard Business Review》, 2014.01.
- Bobby Allyn, "Netflix CEO Embraces 'No Rules,' But Work Is Anything But Chill", 《NPR》, 2020.09.15.
- Miles Jennings, "Talent Density: Build High-Performing Teams," 《Aura》, https://blog.getaura.ai/talent-density, (게시일 2024.11.25).
- Todd Spangler, "Netflix Content Spending, Set to Hit $18 Billion in 2025, Is 'Not Anywhere Near a Ceiling,' CFO Says", 《Variety》, 2025.03.05.
- Brooke Gaines, "Netflix Subscribers Statistics 2025 [Users by Country]", 《Evoca》, 2025.08.19.
- Nancy Luna·Erin McDowell, "How the Raising Cane's founder, Todd Graves, turned a lousy college grade into a billion-dollar fast-food

- business", 《Business Insider》, 2023.11.
- Natalie Wu, "52-year-old worked 90-hour weeks in an oil refinery to save money for his business—now he's worth $9.5 billion", 《CNBC》, 2024.10.05.
- Barry Shore, "How Raising Cane's Quietly Applies Lean Six Sigma Principles", 《LinkedIn》, https://www.linkedin.com/pulse/, (게시일 2025.07.21).
- Restaurant Technology News, "Raising Cane's Partners with CMX to Advance Its Restaurant Performance Programs in More Than 560 Locations", 《Restaurant Technology News》, 2021.12.15.
- FOX TV Digital Team, "This new Post Malone-themed Raising Cane's is pink and tattooed", 《FOX 6》, 2023.04.15.
- Restaurant News Resource, "Raising Cane's Unveils Restaurant Partner Program", 《Restaurant News Resource》, https://www.restaurantnewsresource.com/article109700.html, (게시일 2020.03.12).
- Michelle Martin, "Raising Cane's expands in New York, California, Florida", 《USA Today》, 2024.05.08.
- "Raising Cane's history", 《Zippia》, https://www.zippia.com/raising-canes-chicken-fingers-careers-36140/history/
- Chase Peterson-Withorn, "Raising Cane's Billionaire Nearly Doubles Fortune After Record Year", 《Forbes》, 2025.04.09.
- "Xiaomi", 《Britannica》, https://www.britannica.com/topic/Xiaomi, (게시일 2025.09.19).
- 류현정·강로사, "'좁쌀 돌풍' 샤오미, 2014년 中 스마트폰 시장 전체 1위…삼성전자 주춤", 《조선비즈》, 2015.02.18.
- 유효정, "中 샤오미, 조직개편…80년대생 전면 배치", 《ZDNet Korea》, 2018.09.14.
- "샤오미 판매 통계 - 시장 점유율, 사용자 및 매출 (2025)", 《Tridens Technology》, https://tridenstechnology.com/ko/%EC%83%A4%EC%98%A4%EB%AF%B8-%ED%8C%90%EB%A7%A4-%ED%86%B5%EA%B3%84/, (게시일 2025.03.06).
- 조상래, "레이쥔 CEO '10주년 샤오미…5G, 인공지능, 사물인터넷에 8.3조 투자

- 한다'", 《Platum》, 2020.01.03.
- Federica Laricchia, "Xiaomi's share of smartphone shipments in Europe 2019-2024", 《Statista》, https://www.statista.com/statistics/1232282/xiaomi-smartphone-market-share-in-europe/, (게시일 2025.06.26).
- Francis Onyango, "Xiaomi Sales Statistics - Market Share, Users & Revenue (2025)", 《Tridens Technology》, https://tridenstechnology.com/xiaomi-sales-statistics/, (게시일 2025.03.06).

4장 | 경고 | 성공의 정점에서 온 유혹

- "Passengers Loved Southwest Airlines' Open Boarding. Now What?", 《The New York Times》, 2024.07.25.
- Decoded FM, "S1E4: Southwest Airlines", 《Decoded FM》, https://decoded.fm/2024/03/02/southwest-airlines/, (게시일 2024.03.02).
- Niraj Chokshi, "Southwest Says Holiday Meltdown Will Cost It More Than $1 Billion", 《The New York Times》, 2023.01.26.
- Alex Woodie, "Lessons from Southwest's IT Debacle", 《IT Jungle》, 2023.01.11.
- Richi Jennings, "Southwest Airlines: 'Shameful' Technical Debt Bites Back", 《DevOps.com》, https://devops.com/southwest-technical-debt-richixbw/, (게시일 2023.01.05).
- Lori Aratani·Hannah Sampson, "End of the people's airline': Southwest abandons open seating after 53 years", 《The Washington Post》, 2024.07.25.
- Bill Chappell, "Southwest Airlines says 'assigned and premium seating' will replace open seating plan", 《NPR》, 2024.07.25.
- Dawn Gilbertson, "Dearly Beloved Travelers, We Gather Today to Mourn Southwest", 《The Wall Street Journal》, 2025.03.12.
- Michelle Chapman, "At Southwest Airlines, checked bags will no longer fly for free", 《AP News》, 2025.03.12.
- Suzanne Rowan Kelleher, "Southwest Airlines Bends To Activist Investor, Restructures Board", 《Forbes》, 2024.10.24.
- Stuart Dyos, "Mark Zuckerberg slams Apple on innovation during Joe

Rogan podcast — 'They haven't invented anything great in a while'", 《Fortune》, 2025.01.11.
- Accio, "iPhone 2024 model trend", 《Accio》, https://www.accio.com/business/iphone2024modeltrend, (게시일 2025.08.07).
- Wenjin Yang, "Apple's Strategic Decision-Making: Navigating Innovation and Market Dynamics," *SSRN Electronic Journal*, Posted: 3 Feb 2025, pp.1~32.
- B. Robson, "Navigating Apple's Diversified 2024 Business Model: Opportunities and Risks," 《WDD》, https://wdd.my/blog/navigation-apples-diversified-business-model-opportunities-and-risks/, (게시일 2023.11.27).
- Joel M. Podolny·Morten T. Hansen, "How Apple Is Organized for Innovation," 《Harvard Business Review》, 2020.11.
- Allisa James, "14-inch and 16-inch MacBook Pros still suffering from month-long shipping delays," 《TechRadar》, https://www.techradar.com/news/the-14-inch-and-16-inch-macbook-pros-are-still-suffering-from-massive-month-long-shipping-delays, (게시일 2022.01.26).
- Dashveenjit Kaur, "Beyond the hype: Can Apple manufacturing in India replace China supremacy?" 《Tech Wire Asia》, https://techwireasia.com/2025/08/apple-manufacturing-india-china-analysis-2025/, (게시일 2025.08.22).
- Stephen Nellis·Max A. Cherney·Yuvraj Malik, "Apple unveils record $110 billion buyback as results beat low expectations," 《Reuters》, 2024.05.03.
- Richard Warr, "Apple's Planning a $110B Stock Buyback. Here's Why," 《Poole College of Management, NC State University》, https://poole.ncsu.edu/thought-leadership/article/apples-planning-a-110b-stock-buyback-heres-why/, (게시일 2024.05.15).
- Malcolm Owen, "'Apple Vision' could cut hundreds off price before late 2025 release," 《AppleInsider》, https://appleinsider.com/articles/23/06/11/apple-vision-pro-could-cut-hundreds-off-price-before-late-2025-release, (게시일 2023.06.11).
- Julian West, "Apple's iPhone 17 and iPhone Air: A New Era of Innovation

- and Growth," 《AInvest》, https://www.ainvest.com/news/apple-iphone-17-iphone-air-era-innovation-growth-2509/, (게시일 2025.09.17).
- TrendForce, "[News] From iPhone 17 to M5 Macs: 15+ New Apple Products Dropping This Fall," 《TrendForce》, 2025.07.09.
- Darryn John, "Tesla's Gigafactory Mexico opening pushed to early 2025: Report," 《Drive Tesla Canada》, https://driveteslacanada.ca/news/teslas-gigafactory-mexico-opening-pushed-to-early-2025-report/, (게시일 2023.06.28).
- Zachary Visconti, "Tesla's applications for Dojo in FSD, Optimus and potentially more," 《Teslarati》, https://www.teslarati.com/tesla-dojo-fsd-optimus-more/, (게시일 2023.10.03).
- Encyclopædia Britannica, "Tesla under Musk: New models, battery technology, and solar energy," 《Britannica Money》, https://www.britannica.com/money/Tesla-Motors/Tesla-under-Musk-New-models-battery-technology-and-solar-energy.
- "Tesla Cuts Model 3 Price in China Amid Intensifying EV Price War", 《Reuters》, 2023.08.15.
- Newton Kitonga, "Tesla Cuts Model 3 Price in China Amid Intensifying EV Price War," 《CoinCentral》, https://coincentral.com/tesla-cuts-model-3-price-in-china-amid-intensifying-ev-price-war/, (게시일 2025.09.01).
- 백수전, "'2인자' 의문의 사임에 주가도 '출렁'…테슬라에 무슨 일이 [테슬람 X랩]", 《한국경제》, 2023.08.08.
- Simon Alvarez, "Tesla (TSLA) Q2 2025 earnings results," 《Teslarati》, https://www.teslarati.com/tesla-tsla-q2-2025-earnings-results/, (게시일 2025.07.23).
- 이상원, "머스크 정치행보가 이 지경까지, 테슬라, 100대기업 브랜드 평판 조사서 95위", 《M TODAY》, 2025.05.26.

5장 | 토네이도의 희생자들 | 내부 모순이 폭발하다
- "대기업몰이라 믿기 어려워"…'롯데ON' 시스템 오류 민원 들끓는데 고객센터는 불통, 《소비자가 만드는 신문》, 2020.05.18.
- Ron Ashkenas, "Basecamp's Strategy Offers a Useful Reminder: Less Is

- More," 《Harvard Business Review》, 2014.02.11.
- Derek Saul, "Nike Stock Tanks 20% To 4-Year Low: Why The Sneaker Giant's Struggling", 《Forbes》, 2024.06.28.
- Bill Murphy Jr., "After 53 Years, Nike Just Had the Single Worst Day in Its History. Here's How It Happened", 《Inc.》, 2024.07.03.
- Danny Parisi, "Weekend Briefing: What Nike's strategy shift means for wholesale", 《Glossy》, 2024.03.24.
- Glynn Davis, "Nike reengages with retailers to build back wholesale", 《Altavia Watch》, 2023.06.16.
- Pamela N. Danziger, "Nike Decides To 'Just Do It' And Replaces CEO John Donahoe With Company Veteran Elliott Hill", 《Forbes》, 2024.09.20.
- Nike Newsroom, "NIKE, Inc., 오랜 경력의 나이키 베테랑 엘리엇 힐을 회장 겸 CEO로 선임," 《Nike Newsroom》, https://about.nike.com/ko/newsroom/releases/nike-inc-announces-return-of-long-time-nike-veteran-elliott-hill-as-president-ceo, (게시일 2024.09.19).
- Timothy Smith, "Starbucks Stock Plunges After Declining Same-Store Sales Weaken 2024 Outlook," 《Investopedia》, 2024.05.01.
- "Form 10-K: Starbucks Corporation Annual Report (Fiscal Year Ended September 30, 2007)," 《SEC》, https://www.sec.gov/Archives/edgar/data/829224/000095013407024667/v33834e10vk.htm, (게시일 2007.09.30).
- "Curing What Ails Starbucks," 《The New York Times》, 2008.01.12.
- Desmond Ng, "How Starbucks' growth nearly destroyed the business, until one man saved its skin," 《Channel News Asia》, 2018.11.14.
- 배정원, "'인종차별' 논란 스타벅스, 美 8000개 매장 문 닫고 직원 교육," 《조선일보》, 2018.04.18.
- Amelia Lucas, "Starbucks shares sink 12% as coffee chain slashes 2024 forecast amid same-store sales drag", 《CNBC》, 2024.04.30.
- Amelia Lucas, "One year in, Brian Niccol's Starbucks looks different — but there are still more changes coming," 《CNBC》, 2025.09.09.
- 김태종, "스타벅스 신임 CEO '본래 스타벅스 모습으로 돌아가겠다'," 《연합뉴스》, 2024.09.11.

- 오대석, "카카오 몸집 키운 비결은 '무한 인수합병'," 《매일경제》, 2021.02.28.
- 문병선, "[비상장] 제2의 카카오 '카카오모빌리티', 카카오 기업가치(34조원) 넘어설까," 《네이버 프리미엄콘텐츠》, https://contents.premium.naver.com/numbers/members/contents/220613145933445wm, (게시일 2022.06.13).
- 황정호, "점유율 80% 카카오 택시, 요금 인상 본색 드러내나? '사실상 꼼수 인상'," 《Tech42》, 2021.08.05.
- 김동원, "카카오모빌리티, AI 활용 스마트 배차 요금인상 철회…'갑질' 흔적만 자욱," 《AI타임스》, 2021.09.08.
- 뉴시스언론보도, "'한기정 3년' 공정위, 카카오·쿠팡 제재 성과…플랫폼법 입법은 숙제," 《와이드경제》, 2025.09.16.
- 황준호, "'中 먹튀 없다'던 카카오페이 경영진의 뒤통수," 《아시아경제》, 2021.12.14.
- 박태웅, "카카오 먹통 사태가 남긴 세 가지 질문," 《시사IN》, 2022.10.31.
- 임은진, "'먹통 사태' 카카오, 서비스 장애 127시간 30분으로 공식화," 《연합뉴스》, 2022.10.26.
- Hyunjoo Jin·Ben Klayman·Yilei Sun, "How Hyundai Motor, once a rising star, lost its shine," 《Reuters》, 2018.11.05.
- 우수연, "중국 비중 3%로 확 낮춘 현대차·기아…전략인가 실패인가," 《아시아경제》, 2025.04.29.
- 이윤정, "현대·기아차, 美시장점유율 8년 만에 최저치…전년동기 0.7%p 하락한 7.5%," 《조선비즈》, 2017.10.15.
- Focus2Move, "Hyundai 2018. China hampers the sales' recovery," 《Focus2Move》, https://www.focus2move.com/hyundai-global-performance/, (게시일 2019.03.22).
- Donald Sull, "Why Good Companies Go Bad," 《Harvard Business Review》, 1999.07.
- 이인묵·심현정, "'별들의 고향' 이공계 [누구나 앉고 싶어하지만 아무나 앉을 수는 없어]," 《조선비즈》, 2014.04.02.
- Hyunjoo Jin, "Hyundai's revamped Sonata yet to rev up key U.S. market," 《Reuters》, 2014.10.22.
- Just Auto, "ANALYSIS – Hyundai future models Part 1," 《Just Auto》, https://www.just-auto.com/features/analysis-hyundai-future-models-

part-1/?cf-view, (게시일 2018.03.15).
- 우수연, "If Hyundai Fails to Secure Autonomous Driving Capabilities, It Will Ultimately Fall Behind: The Crisis of a Step-Behind Hyundai,"《아시아경제》, 2025.09.16.
- Ingrid Lunden, "Intel buys Mobileye in $15.3B deal, moves its automotive unit to Israel,"《TechCrunch》, 2017.03.13.
- 홍성일, "현대차 R&D, 1위 폭스바겐 비교하면 7배 차이 - 매출 대비 R&D 집중도, 경쟁사 보다 떨어져,"《더구루》, 2019.02.13.

6장 | 쓰나미의 순교자들 | 통제 불능의 연쇄 붕괴
- 이기우, "롯데, 계열사 이어 지주까지 '비상 경영' 선포",《조선일보》, 2024.08.01.
- 이한경, "재무 위험성 경종 울린 '롯데그룹 유동성 위기설'",《주간동아》, 2024.12.03.
- 이덕주, "롯데는 일본기업일까 한국기업일까,"《매일경제》, 2018.09.05.
- KBS World, "롯데그룹 형제의 난",《KBS 월드》, 2015.08.03.
- 배준희, "[신동빈, 순혈주의 '롯데맨'에 실망했나] 유통·호텔 사령탑 3人 모두 외부 인사로",《매경ECONOMY》, 2021.12.
- 이성진, "LG, 젊은 인재 중용 확대… 외부 영입도 적극",《뉴데일리경제》, 2022.11.24.
- 배준희·최창원, "외부 CEO도 '웰컴', 재계 이사회 달라졌다는데… [스페셜리포트]",《매경ECONOMY》, 2025.04.08.
- 김수헌, "[컴퍼니 백브리핑] 카카오 김범수 10월21일 1심 선고, 3가지 쟁점은 무엇?,"《비즈니스포스트》, 2025.09.22.
- 장윤, "검찰, 'SM 시세조종 의혹' 카카오 김범수에 징역 15년 구형,"《조선일보》, 2025.08.29.
- 이현경, "346명 목숨 앗아간 보잉 737 맥스 운항 재개 승인…MCAS 결함 해결됐나,"《동아사이언스》, 2020.11.19.
- J. Kraft·A. Kraft, "Boeing: In a Steep Nosedive," *Journal of Research in International Business and Management*, Vol.11, No.3, 2024, pp.1-11.
- Wolf Richter, "Boeing Crashes: $43 Billion in Share Buybacks Turn into Existential Threat,"《Wolf Street》, https://wolfstreet.com/2020/03/11/

- boeing-crashes-as-43-billion-in-past-share-buybacks-turn-into-existential-threat/, (게시일 2020.03.11).
- SEC, "Form 10-K: The Boeing Company Annual Report (Fiscal Year Ended December 31, 2019)," 《SEC》, https://www.sec.gov/Archives/edgar/data/12927/000001292720000014/a201912dec3110k.htm
- , (게시일 2020.02.2020).
- 송지환, "SW 안전과 휴먼팩터의 중요성 - 보잉 737 MAX 사례," 《소프트웨어정책연구소[SPRI]》, 2019.07.16.
- BBC 코리아, "보잉737 맥스: '에티오피아 항공기 추락, 지난해 라이언에어 추락과 명확히 유사'," 《BBC 코리아》, 2019.03.18.
- 테오 레겟, "'여전히 난장판입니다'…보잉사의 미래는 어떻게 될까," 《BBC 코리아》, 2024.12.30.
- Aerospace Global News, "United Technologies to buy Rockwell Collins for $30 billion," 《Aerospace Global News》
- Leslie Josephs, "Boeing taps aerospace veteran Ortberg to replace Dave Calhoun as CEO," 《CNBC》, 2024.07.31.
- Sean Michael Kerner·Madeleine Streets, "Intel's rise and fall: A timeline of what went wrong," 《TechTarget》, 2025.08.19.
- 김정철, "[멋진신세계] '기술이 계기를 만든다' LG V40 씽큐 리뷰 - '5개 카메라'를 위한 신기술 집약…디자인·스펙도 최신폰답게 '합격점'," 《비즈한국》, 2018.10.25.
- Reuters, "A timeline of the rise and decline of Intel," 《Reuters》, 2025.09.19.
- 이재철, "인텔 '제국의 위기' 불당긴 38조원 거품 인수합병," 《매일경제》, 2024.09.02.
- 이해인, "'사상 최악 위기' 인텔, 구조조정안 나왔다…파운드리 사업 분사," 《조선일보》, 2024.09.17.

7장 | 파멸의 종착역 | 돌이킬 수 없게 되다.
- 박수남, "[박수남의 반면교사 1] 노키아 몰락…다음은 애플 혹은 삼성?," 《CEO&》, 2025.09.15.
- 디지털뉴스팀, "궁지에 몰린 노키아 '관료주의 장벽 탓에 추락'," 《경향신문》,

- 2010.09.27.
- 마르크 슈발리에, "최초 스마트폰 제조사 노키아의 비극 - IT 20년 전쟁 최후의 승자는? ② 노키아의 실패가 주는 교훈,"《이코노미 인사이트》, 2013.11.01.
- Clare Duffy, "How Kodak went from photography pioneer to pharmaceutical producer,"《CNN Business》, 2020.08.04.
- 김선우, "앞선 기술 가지고도 디지털 시장 거부 - 코닥의 몰락,"《신동아》, 2012.02.22.
- Jack Ewing, "Enron collapse," *EBSCO Research Starters: Business and Management*, 2022
- Julius Mansa, "Enron Scandal and Accounting Fraud: What Happened?,"《Investopedia》, 2025.09.25.
- Britannica, "Enron scandal,"《Britannica》, https://www.britannica.com/event/Enron-scandal/Downfall-and-bankruptcy, (게시일 2025.08.19).
- Margaret James, "The Collapse of Lehman Brothers: A Case Study,"《Investopedia》, 2024.12.09.
- Joe Hernandez, "How Lehman's collapse 15 years ago changed the U.S. mortgage industry,"《NPR》, 2023.09.15.
- Erin Callan·Dietrich Snell·Seth D. Fier·Jay Lerner·Troy Burrus, "FCIC memo of staff interview with Erin Callan, Lehman Brothers," *Yale Program on Financial Stability (YPFS) Resource Library*, 2010.
- Britannica, "Regulation (Bankruptcy of Lehman Brothers, Bank Collapse 2008),"《Britannica》, https://www.britannica.com/topic/regulation, (게시일 2025.09.08).
- 정동민, "[기업의 흥망] 김우중과 '세계경영'의 몰락, 대우그룹,"《비즈한국》, 2020.12.01.
- 임지선, "세계경영→재계 2위 대우그룹 해체…'샐러리맨신화' 김우중 지다,"《경향신문》, 2019.12.10.
- 박순빈, "김우중 감독의 '세계 최대 41조 회계 조작' 사건,"《한겨레》, 2005.06.15.
- 김영배, "김우중은 정말 억울한가,"《한겨레》, 2005.06.15.

3부 대탈출, 파멸의 고리를 끊는 실전 전략
8장 | 법칙 | 탈복잡화 4대 원칙

- P. J. DiMaggio·W. W. Powell, "The Iron Cage Revisited: Institutional Isomorphism and Collective Rationality in Organizational Fields," *American Sociological Review*, Vol.48, No.2, 1983, pp.147-160.
- H. Tajfel, "Social Identity and Intergroup Behaviour," *Social Science Information*, Vol.13, No.2, 1974, pp.65-93.
- Jeong-Soo Hwang·Eui-Myung Park·Chae-Yeon Kim, "Samsung to cut chip executive jobs, restructure in battle versus SK Hynix," 《Korea Economic Daily Global Edition》, 2024.10.10.

9장 | 부활 | 파멸의 고리를 끊고 돌아온 기업들

- Hyundai Newsroom, "Hyundai Motor Announces Organizational Changes and Appoints New Leadership," 《Hyundai Newsroom》, https://www.hyundai.com/worldwide/en/newsroom/detail/hyundai-motor-announces-organizational-changes-and-appoints-new-leadership-0000000556, (게시일 2021.02.01).
- Choi Kyong-ae, "(News Focus) Under heir apparent leadership, Hyundai on road to become future mobility solutions provider," 《연합뉴스》, 2019.09.18.
- 김성현, "[N-포커스] 현대차, 중국·러시아서 인도·동남아로 무게중심 이동," 《뉴데일리경제》, 2023.12.28.
- Kia News Center, "Hyundai Motor Group to Lead Charge into Electric Era with Dedicated EV Platform 'E-GMP'," 《Kia News Center》, https://www.kianewscenter.com/news/hyundai-motor-group-to-lead-charge-into-electric-era-with-dedicated-ev-platform--e-gmp-/s/acf4ee85-f171-4fc3-91c4-ffcba3cee1eb , (게시일 2020.12.02).
- Hyundai Newsroom, "Hyundai Motor Unveils New 'Hyundai Way' Strategy and Outlines Mid- to Long-Term Goals at 2024 CEO Investor Day," 《Hyundai Newsroom》, https://www.hyundai.com/worldwide/en/newsroom/detail/hyundai-motor-unveils-new-%25E2%2580%2598hyundai-way%25E2%2580%2599-strategy-

- and-outlines-mid-to-long-term-goals-at-2024-ceo-investor-day-0000000817, (게시일 2024.08.28).
- Hyundai Motor Company, 《HMC Investor Presentation》, Hyundai Motor Company, 2021.03.29, pp.1-47.
- 박완준, "영업이익 '글로벌 2위' 꿰찼다…친환경차 '쾌속 성장'", 《더 벨》, 2025.08.13.
- 김용운, "[2024 연간실적] 현대차, 매출 175.2조역대최대…영업이익율 8.1%", 《인더뉴스》, 2025.01.23.
- General Electric, "'The Initials of a Friend': A History Of GE's Iconic Monogram Logo," 《GE Reports》, https://www.ge.com/news/reports/the-initials-of-a-friend-a-history-of-ges-iconic-monogram-logo-0, (게시일 2022.08.01).
- Karl Montevirgen, "General Electric," 《Encyclopædia Britannica》, https://www.britannica.com/money/General-Electric
- Geoff Colvin, "For a time, Jack Welch was the most valuable CEO on earth," 《Fortune》, 2020.03.02.
- The Associated Press, "GE CEO Flannery Ousted After Brief Tenure," 《WBUR》, 2018.10.01.
- Matt Egan, "GE unexpectedly removes its CEO," 《CNN Business》, 2018.10.03.
- Chris Isidore·Matt Egan, "The dismantling of GE, once America's iconic 'everything company,' is now complete," 《CNN Business》, 2024.04.02.
- Harrison Miller, "GE Stock Soars 75% In 2024 On Strong Jet Engine Demand. Is GE Aerospace A Buy?," 《Investor's Business Daily》, 2024.09.16.
- Andrew Kessel, "Why GE Vernova Stock Jumped to a Record High on Thursday," 《Investopedia》, 2024.09.12.
- General Electric, "GE Completes Separation of GE HealthCare," 《GE Press Release》, https://www.ge.com/news/press-releases/ge-completes-separation-of-ge-healthcare
- , (게시일 2023.01.04).
- Nucleus_AI, "From 90 Days to Bankruptcy to a 9,000% Growth: How

Steve Jobs Rescued Apple In 1997," 《YourStory》, https://yourstory.com/2024/09/steve-jobs-apple-comeback-strategy-tech-giant-success, (게시일 2024.09).
- Dig Insights, "How Panera Re-Imagined Their Menu With Upsiide," 《Dig Insights》, https://diginsights.com/resources/panera-bread-case-study/
- Pyramid Technologies, Inc, "Panera Bread's Kiosk Success Story: A Case Study in Modern Fast-Casual Dining," 《Pyramid Technologies, Inc》, https://pyramidacceptors.com/news/panera-breads-kiosk-success-story-a-recipe-for-modern-fast-casual-dining
- "5 Key Learnings from Panera's Digital Transformation," 《Kiosk Industry》, https://kioskindustry.org/panera-kiosk-hurst-digital-transformation/, (게시일 2018.11.09).
- 오찬종, "'식당 메뉴 너무 다양하면 불안해'…스벅·던킨 위협하는 국민 빵집의 '묘수' [오찬종의 매일뉴욕]," 《매일경제》, 2025.06.19.
- Danny Klein, "With Digital Surging, Panera Joins the Pizza Category," 《QSR Magazine》, 2020.10.28.
- Joanna Fantozzi, "Is there more to Panera's menu overhaul than meets the eye?," 《Nation's Restaurant News》, 2024.03.06.

10장 | 매뉴얼 | 지금 당장 시작하는 탈복잡화
- Convergence Conversation, "Simplifying Complexity with Lisa Bodell", 《Convergence Conversation》, https://deborahwestphal.com/convergence-conversation-simplifying-complexity-with-lisa-bodell/
- 론 애시케나스, *Simply Effective*, Harvard Business Press, 2009.
- 존 마리오티, *The Complexity Crisis*, Simon and Schuster, 2007.

고속성장의 후유증을 이겨낸 기업들의 생존전략
복잡성의 고리를 끊어라

초판 1쇄 발행 2025년 11월 12일

지은이 지용구
펴낸이 성의현
펴낸곳 미래의창

편집주간 김성옥
편집장 정보라
책임편집 김다울
마케팅 권장규·정명진·이건효

주소 서울시 마포구 잔다리로 62-1 미래의창빌딩(서교동 376-15, 5층)
전화 070-8693-1719 **팩스** 0507-0301-1585
홈페이지 www.miraebook.co.kr
출판신고 제2019-000291
ISBN 979-11-24073-98-8 (03320)

※ 책값은 뒤표지에 표기되어 있습니다.

생각이 글이 되고, 글이 책이 되는 놀라운 경험. 미래의창과 함께라면 가능합니다.
책을 통해 여러분의 생각과 아이디어를 더 많은 사람들과 공유하시기 바랍니다.
투고메일 togo@miraebook.co.kr (홈페이지와 블로그에서 양식을 다운로드하세요)
제휴 및 기타 문의 ask@miraebook.co.kr